KB178487

토마토
밭에서
꿈을 짓다

토마토 밭에서 꿈을 짓다

디자이너 출신 청년 농부의
'1만 명이 기다리는 토마토' 브랜딩 스토리

1판 1쇄 발행 2019년 1월 17일

지은이 원승현

펴낸이 이민선
편집 홍성광·이해진
표지 디자인 백송이
본문 디자인 최선미
제작 호호히히주니 아빠
인쇄 삼조인쇄

펴낸곳 틈새책방
등록 2016년 9월 29일(제25100-2016-000085)
주소 08355 서울특별시 구로구 개봉로1길 170, 101-1305
전화 02-6397-9452
팩스 02-6000-9452
홈페이지 www.teumsaebooks.com
페이스북 www.facebook.com/teumsaebook
블로그 www.naver.com/teumsaebooks
전자우편 teumsaebooks@gmail.com

© 원승현 2019

ISBN 979-11-88949-13-7 03320

이 도서의 국립중앙도서관 출판예정도서목록(CIP)은 서지정보유통지원시스템 홈
페이지(http://seoji.nl.go.kr)와 국가자료공동목록시스템(http://www.nl.go.kr/
kolisnet)에서 이용하실 수 있습니다.(CIP제어번호: CIP2018043035)

토마토밭에서 꿈을 짓다

원승현 지음

디자이너 출신 청년 농부의
'1만 명이 기다리는 토마토' 브랜딩 스토리

틈새책방

토마토 밭으로 들어간 디자이너,
밭에서 꿈을 디자인하다

—

이탈리아 사람들은 토마토를 고를 때 요리마다 다른 것을 쓴다. 품종도, 생산 지역도 따진다. 각기 다른 맛을 내기 때문이다. 요리사들이 토마토를 주문할 때는 문장이 아주 길어진다.

그러나 우리는 보통 이런 말로 간단히 끝낸다.

"토마토(어떤 때는 방울토마토) 3킬로 주시고요…."

우리나라 토마토는 찰토마토와 방울토마토밖에 없다는 가슴 아픈 우스갯소리도 있다.

'기토'라는 토마토를 아는가? 기가 막히게 맛있어서, 기운을 북돋아서, 기똥차서 기도란다. '서기서 서기'인 토마토에 명품의 내공을 입혔다. 좋은 토마토를 먹어 본 적이 거의 없는 우리는, 최상의 맛을 내는 토마토가 따로 있다는 인식 자체가 없다. 물론 다른 농작물도 마찬가지다.

디자이너 출신의 저자는 손이 곰 발바닥처럼 변해 버린 농부가 되면서 땅을 알고 토마토를 알게 되었다. 새로운 세대의 농사를 짓고, 더 나은 세상을 꿈꾼다. 그의 꿈을 담은, 어쩌면 우리 농업의 미래가 될 그의 이야기가 책에 가득하다. 우리 농업도 희망을 가져도 될 것 같다. 이런 농부가 있다니!

글 쓰는 셰프
박 찬 일

차례

그럼에도 불구하고 '짓다'

—

'옷을 짓다', '밥을 짓다', '집을 짓다'.

우리 삶의 기본 요소를 만드는 행위를 이야기할 때, 우리는 '짓다'라는 표현을 쓴다. 이외에도 '이름 짓다', '시를 짓다', '약을 짓다' 등 다양한 곳에서 '짓다'라는 동사를 쓰는데, 이 말은 '만들다'라는 의미 이상의 것이 담겨 있는 것 같다. '적지 않은 시간 동안 공들여 만든 뒤 마음까지 담아낸다'는 의미가 느껴진다고나 할까? 농사짓는 과정도 마찬가지로 단순히 씨를 뿌리고 거두는 것 이상으로 마음을 담아 짓는 과정이 필요하다.

　'디자이너, 밭에서 브랜드를 짓다.'

이런 이유로 농업 현장에 디자이너의 시각이 절실하다는 마음으로 농업에 더 필요한 부분들을 찾아 조금씩 개선해 나가고 있다. 어찌 보면 직접 관계가 없는 디자인과 농업을 연관 짓고, 각 상황에 필요한 이름을 지으며, 요리사와 함께 밥을 짓고 나누는 일을 통해 많은 사람들과 관계도 짓고 있다. 이 과정을 통해 농업의 미래에 대해 더 큰 꿈을 짓고자 한다.

"삶은 혼자 지을 수 없다."

하지만 온전히 무언가를 마무리짓기 위해서는 상황과 타협하지 않고 가치를 지키며, 지치지 않고 꾸준히 매진할 수 있는 힘이 필요하다. 그러기 위해 혼자가 아닌 함께하는 게 중요하다는 것을 깨달았다. 내가 지쳐 타협하고 싶어질 때면 그때마다 누군가가 손을 내밀어 주었고 어깨를 내어 주었다. 덕분에 모자란 나의 발걸음도 어느새 한 걸음을 더 내딛을 수 있었다. 밭의 한복판에서 수도 없이 부딪히고 깨지고 넘어졌지만 누군가의 도움을 받아 다시 일어나길 반복했다. 나 혼자가 아닌 모두의 힘이었다.

"함께 지어요, 우리."

그런 이유로 이 책을 통해 앞으로 나와 함께 혹은 누군가와 함께 밭에서 삶을 지어 나갈 사람들과 그들을 응원해 줄 사람들을 모집하고자 한다. 그들과 내가 무슨 이유로 '그럼에도 불구하고' 밭 한복판에 뛰어들어 삶을 짓고 있는지, 어떻게 지어 나가고 있는지, 그리고 어떤 꿈을 어떻게 함께할 수 있을지를 이 책을 통해 확인하며 밭과의 마음의 거리를 조금이나마 좁히길 바란다. 그리고 이 땅에서 가치 있는 농사를 짓고 있는 사람들, 그들과 함께 밭에서 무언가를 짓게 된 사람들이 보낸 시간을 공감해 주었으면 한다.

책의 내용은 나의 지극히 개인적인 경험이고 의견이다. 당연히 다른 농부 혹은 농업 관계자, 기획자 들과 생각이 다를 수 있다. 같은 상황을 두고 바라보는 면이 다르고, 중요하게 보는 부분이 다를 수 있다. 하지만 농사를 직접 지으며 브랜드를 만들어 나가는, 이 두 가지 경험을 동반한 경험자는 많진 않을 것이라고 생각한다. 그 경험을 봤으면 한다.

학창 시절 백일장에도 안 나가 본 내가 집필이라는 무모한 도전을 하는데 용기를 주시고 이끌어 주시며 노움을 수신 틈새책방 이민선 대표님과 홍성광 편집장님께 감사의 말씀을 전하고 싶다. 그리고 내 곁에 계셔서 마음껏 존경할 수 있는 부모님, 태어나 처음 해보는 시골살이임에도 누구보다도 든든히 내 곁을 채워 주며 힘을 주는 사랑하는 아내 지민이, 그리고 아내를 낳아주신 부모님께도 이 자리를 빌려 감사의 말씀을 드리고 싶다. 마지막으로 세상을 살아가는 의미를 깨닫게 해준 사랑하는 딸 서연이와 곧 태어날 둘째 딸 서진이에게 이 책을 전한다.

원 승 현

제1부

연관 짓다 attach

디자이너의 시각으로 농업과 브랜드를 연관 짓다.

"한 치 앞을 모르는 시장에서

수입 농산물이나 대기업과 겨루기 위해선

탄탄한 팬층을 확보한 브랜드로 존립하는 게

소농이 살아남을 길이라고 생각한다."

우리 농업에 절실한 디자인적 사고

—

"디자이너인데 왜 농사를 지으려고 하셨어요?"

여러 매체와 인터뷰를 하다 보면 이 질문을 공통적으로 받는다. 지금이야 생각의 살이 붙어서 그럴싸하게 말하지만, 사실 처음엔 가벼운 마음으로 시작한 일이었다. 부모님의 생업이 가치 있다는 것을 증명하고 싶었고, 제대로 농사를 알아야 브랜드 가치를 온전히 전달할 수 있다고 생각했다.

하지만 농업 현장 한가운데에 들어와 보니 그 어떤 곳보다 처참했고, 디자인적인 사고가 절실했다. 그만큼 디자이너로서 해결해야 할 문제가 산적한 곳이었다. 평소에 다니던 길이 아닌, 돌아가는 길에서 뜻밖에 전생연분을 만난 느낌이랄까?

"시간 있을 때 초상화 한 장 그려줘."

대학에서 디자인을 전공했다는 이유로 주변 사람들에게 이런 말을 자주 들었다. '디자이너'라고 하면, 단순히 '그림을 그리는 사람'으로 여기는 인식 때문이었다. "나는 순수 예술을 전공한 게 아니라 디자인을 전공했고, 회화는 내 분야가 아니야"라고 한동안 설명해 봤지만, "어쨌든 미대잖아? 미대 출신이면 그림을 잘 그려야 하는 거 아니야?"라는 대답만 돌아왔다. 그럼 그냥 포기하고 바쁜 척 대충 얼버무리고 도망가기 일쑤였다.

예전에 비해 디자이너라는 직업을 잘 이해하는 시절이 됐지만 지금도 디자이너를 바라보는 시각은 여전히 피상적이다. 패션 디자이너, 그래픽 디자이너, 제품 디자이너, 인테리어 디자이너, 영상 디자이너, 헤어 디자이너 등 다양한 분야에서 '디자이너'라는 명칭을 붙이지만, 그저 시각적으로 아름다워 보이는 것을 만들어 내는 사람 정도로 치부하는 경우가 허다하다. 제품의 외형을 만들거나 포장을 보기 좋게 하는 사람, 또는 그래픽이나 로고를 만드는 사람으로 이해한다. 그래서인지 디자이너 출신인 내가 농업에 뛰어들었다고 하면 단순히 디자이너 시절의 경험을 살려 로고나 패키지 디자인을 바꾸는 일을 한다고 여긴다.

하지만 내가 농업에 뛰어든 이유는 단순히 시각적으로 보기 좋은 결과물을 만들기 위해서가 아니다. 난 디자이너의 본질이 '문제를 해결하는 사람'이라고 생각한다. 디자이너는 학교에서는 물론이고 현업에서도 사람들의 감성을 이해하고 섬세하게 관찰하는 '디자인적 사고'를 연습한다. 단순히 수치와 통계로 판단하는 게 아니라 소비자의 니즈와 행동 양식을 보다 세심하게 읽는다. 비효율적이고 공감대를 형성하지 못했던 프로세스를 디자인적 사고를 통해 쓸모 있게 재구성해서 문제를 해결하는 것. 그것이 디자인의 본질이다. 제품화 과정에서 일어나는 엔지니어적인 문제, 생산의 문제, 유통 및 포장 등 제품 생산 과정 전반에 걸친 모든 문제를 해결하는 게 디자이너의 일이다.

농업 역시 디자인의 관점으로 문제를 해결하려는 자세가 필요하다. 좋은 생산품을 만들면 소비자들이 알아서 구매해 주는 시대는 끝났다. 지금의 농업과 농촌에는 문제가 너무 많다. 문제가 있기에 사람도 모이지 않고, 문제가 있기에 돈도 모이지 않는다. 이런 난관을 헤쳐 나가고 농업을 지속 가능하게 만들기 위해 디자이너의 역할이 절실하다. 농사를 짓는 농부, 농부들이 일하는 공간인 농막, 농사짓는 사람들의 문화, 농사짓는 프로세스 등 농업과 관련된 모든 부분에 '디자인적 사고'를 통한 대수술이 필요하다.

"그래서 디자이너가 농촌에 더 많아져야 합니다."

나는 매체들과 인터뷰를 할 때마다 보통 이렇게 말하며 마무리짓는다. 나는 농촌에서 디자이너의 새로운 가능성을 보았다. 디자이너는 문제를 접하고 해결하는 것에 익숙한 사람들이기에 문제 상황에 대처해 경쟁력 있는 결과물을 만들 확률도 높다. 무형의 실체를 의미 있는 경험을 하도록 하는 디자이너의 능력과 진정성 있게 유지되어 온 농촌의 가치가 합쳐져 사람들의 마음을 움직일 수 있다면 농촌에서 디자이너의 역할은 충분하지 않을까? 분리됐던 영역들이 융합되고, 온라인과 오프라인의 경계가 사라지며, 많은 부분에서 구분이 사라지는 시대에 디자이너들이 농촌에서 할 일이 더 많아졌다.

문제를 근본적으로 해결하기 위해선 머리만 움직이기보다 직접 현장에 들어가야 한다. 그런 의미에서 농촌 한가운데에서 하는 작업은 내게 의미가 있다. 농촌과 디자이너. 낯설면서도 불편한 조합이고, 사막에서 배를 타는 것만큼이나 어울리지 않는 조합. 하지만 사막을 직접 체험하고 문제를 다뤄 본 디자이너라면 사막에서 탈 수 있는 배를 결국 만들어 낸다. 농촌이라는 사막에서 탈 수 있는 배를 만들어야 한다.

브랜드파머, 밭에서 브랜드를 짓다

—

브랜드파머brand-farmer. 농사를 지으며 동시에 브랜드를 만드는 사람. 내가 만든 새로운 직업이다. 사실 농사 하나만 짓기에도 농부의 삶은 충분히 고단하다. 그런데 농사를 지으며 브랜드까지 만들다니!

"농사짓기도 새빠지는데 쓸데없는 소리하지 마라!"

1, 2, 3차 산업을 복합해 농가의 부가가치를 높이는 '6차 산업'이라는 말이 나오는 요즘에, 토박이 소농들이 운영하는 농업 현장에서 '6차 산업'이라는 말을 꺼내면 욕을 먹기 십상이다. 1차 산업만도 유지하기 힘든 상황에 2차와 3차 산업이 웬말인

가. 도와주려는 마음에 몇 마디 건넸다가 본전도 못 찾을 것이다. 우리 농장도 사실 그들과 크게 다르지 않다. 농사에 이미 쓸 수 있는 에너지를 다 소진한다. 그럼에도 불구하고 내가 농사를 짓는 동시에 브랜드를 함께 '지어야'겠다고 마음먹은 데에는 몇 가지 이유가 있다.

첫 번째는 시대 상황이다. 대부분 사람들은 아직도 '브랜드'를 규모 있는 큰 회사들이나 만드는 것으로 생각한다. 브랜딩을 회사 이미지를 포장하는 것쯤으로 여기기 때문이다. 중요하다고 여기지만 당장 돈 들여 만들려고 하면, 우선순위에서 슬그머니 밀어낸다. 하지만 이젠 큰 기업이나 유명 브랜드가 아니더라도 고객을 상대하는 업이라면 나름의 가치와 철학을 만들고 전달하는 일이 굉장히 중요한 시대가 됐다. 예전처럼 얼굴을 직접 맞대고, 상품 외적인 스토리도 확인하면서, 신뢰로 상품을 구매하던 시기로 소비자들이 회귀하고 있어서다.

그러다 보니 유명 연예인과 같은 '메가 인플루언서10만 명 이상의 팔로워를 가진 사람'가 영향을 주기보다 오히려 '마이크로 인플루언서1만 명 이하의 팔로워를 가진 사람' 혹은 '나노 인플루언서팔로워가 수백 명인 사람'들이 영향력을 행사하는 시대가 되어 가고 있다. 소셜 네트워크 서비스SNS 팔로워 수가 적을수록 소통에 유리하고,

사람들이 진정성을 느낄 수 있기 때문이다. 이러한 시대에는 작지만 신뢰할 수 있는 기업이나 상품이 살아남을 수밖에 없다.

두 번째는 고객과의 새로운 관계 정립이다. 현재 우리 농업은 자신의 고객을 지키지 못하는 대표적인 산업이 됐다. 고객이 최고의 자산이라는 사실은 변함이 없지만, 농업 현장에서는 다르다. 유통업자를 중간에 두고 있는 데다가, 매번 판매할 대상이 바뀌니 한 번 보고 말 것처럼 영업을 한다. 터미널 상가에서 스쳐 지나가는 손님을 상대하는 것처럼 말이다. 소비자의 불이익은 나 몰라라 하며 감추기 바쁘다. 브랜드의 핵심은 규모보다는 자기다움을 찾아내고 품질과 신뢰를 바탕으로 철학과 가치를 전달하는 것인데도 불구하고 우리 농업은 반대로 가고 있다.

하지만 브랜딩이 되어 있고 고객과의 관계가 쌓여 나가는 상황이라면 이야기가 다르다. 농업은 점점 고객과의 만남이, 고객과의 가치 공유가 그 어떤 분야보다 중요한 업종이 돼 가고 있다. 2017년 대산농촌재단의 지원으로 호주와 뉴질랜드의 농업 현장을 볼 기회가 있었다. 당시 방문했던 어느 CSA 도입 농장에서 농업과 소비자의 관계를 확인할 수 있었다. CSA란 '공동체 지원 농업Community Supported Agriculture'으로서, 지속 가능한 농업 시스템을 위해 소비자들이 농민에게 일정한 회비를 납부하고 농장에서 생산된 농산물을 회원제로 소비하는 시스템이다. 호주와 네덜란드에서는 농장과 신뢰를 쌓은 고객들이 스스로를 손님이 아닌 농장의 일원으로 여기고 있었다. 고객들은 신념을 지키는 '농장을 돕는다'는 관점이 아니라, 그 농장이 '자신들을 돕고 있다'고 여겼다. 그들은 농장이 사라졌을 때 자신들이 가장 큰 피해를 본다고 생각했다.

그래서 수준 높은 고객을 확보하는 것이 필요하다. 여기서 말하는 '수준 높은 고객'은 재산이나 지식의 양이 많은 게 아니라 농장을 대하는 태도가 남다른 사람이다. 단순히 좋은 물건을 사려는 사람들이 아닌 농장이 지속되지 못했을 때 자신들에게 닥칠 위기를 누구보다 잘 아는 사람들을 말한다. 수준 높은 고객은 존재만으로도 의미가 있다. 이들이 결국 브랜드 가치를 증명하기 때문이다.

세 번째는 차별화를 통해 자본력이 흡수할 수 없는 방어막을 치기 위해서다. SNS에 특화된 동영상 마케팅처럼 즉각적인 효과를 볼 수는 없겠지만, 돈이 있어도 쉽게 따라하지 못하는 차별화가 필요하다.

어떤 브랜드도 첫 출발부터 화려하거나 특별할 수는 없다. 농장의 고유함하와 친하을 치기비니 기곡하고 능화시서아만 매력 넘치는 브랜드가 될 수 있다. 일회성 투자를 통해 로고 하나, 패키지 하나를 만들었다고 브랜드가 만들어지는 게 아니다. 그래서 브랜드도 작물처럼 항상 신경 쓰며 기르는 게 중요하다. 결국 차곡차곡 쌓인 자기만의 색이 스스로를 지키는 방어막이 된다.

이러한 이유들 때문에 나는 오늘도 농장 일을 마친 후 집에 돌아와 브랜드 업무를 시작한다. 낮에는 농사를 짓고 밤에는 브랜딩을 한다. 두 가지를 모두 하려니 버겁기도 하고, 특이한 직업을 갖게 됐지만, 특별하고 싶어서 만든 직업이 아니다. 한 치 앞을 모르는 시장에서 수입 농산물이나 대기업과 겨루기 위해선 탄탄한 팬층을 확보한 브랜드로 존립하는 게 소농이 살아남을 길이라고 생각했기 때문이다.

'브랜드파머'들이 앞으로 더 필요한 농촌이다.

농업 브랜드의 성립 조건, 가치 소비

—

2016년 다카하시 히로유키가 지은 《우리는 시골 농부를 스타로 만든다》라는 책이 국내에 소개됐다. 이 책은 일본에서 2013년에 창간된 〈다베루 통신〉이라는 잡지의 스토리가 담겨 있다. 〈다베루 통신〉은 일본 도호쿠 지방의 농어업 생산자와 소비자를 직접 연결해 주는 매거진이다.

생산자와 소비자를 연결한다는 개념은 사실 익숙하다. 하지만 방식이 독특하다. 잡지는 회원들이 정기 구독하는 방식으로 운영된다. 매월 편집부가 엄선한 특정 지역의 생산자를 특집으로 다루면서 그 생산자가 생산한 먹거리를 부록으로 더해 회원에게 전달한다. 생산자들이 가치 있는 생산물을 만들기 위해 애썼던 시간과 그렇게 탄생한 먹거리가 가지고 있는 힘을 심도 있게 다룬다.

회원들은 잡지가 도착하면 기사를 읽은 후, 함께 배달된 먹거리를 조리해 먹는다. 당연히 단순히 먹는 것에서 그치지 않고 생산자와 그가 일궈낸 자부심까지 만난다. 〈다베루 통신〉은 또한 생산자와 소비자의 직접적인 만남과 체험으로 이어지는 커뮤니티를 만들어 새로운 인간관계를 구축했다. 전혀 새로운 형태의 잡지 플랫폼이 등장한 것이다.

〈다베루 통신〉은 먹거리를 '생각할 거리'로 만들었다. 생산자는 묵묵히 생산만 하고, 소비자는 필요에 따라 소비만 하는 기존 방식에 도전장을 냈다. 생산자는 물건 뿐만 아니라 가치도 생산하고, 그것을 인정하는 소비자는 가치를 소비한다. 〈다베루 통신〉은 소비자들에게 '읽고, 요리하고, 먹고, 교류하라'라는 메시지를 명확히 던졌다.

그러자 생산자와 소비자가 긴밀한 관계를 맺기 시작했다. 생산자들은 자부심이 높아졌고 판매도 안정적으로 할 수 있었다. 또한 생산에 문제가 생겼을 때 자기 일처럼 나서는 소비자들이 생기기 시작했다.

현재까지 37개 현에 지역별로 〈다베루 통신〉이 생겨났고, 독립적으로 운영되고 있다. 〈다베루 통신〉은 대성공을 거두었다.

농가 하나하나가 '다베루 통신'이라는 이름하에 신뢰받는 브랜드로 자리매김했다.

"와, 이거 참신하네. 한국에도 이런 게 생기면 어떨까요?"
"소개가 가능한 농가들이 많이 있을까요?"

나도 브랜드 개발 초기에는 부모님께서 만드신 농산물만 브랜드로 만들 것이 아니라 가치를 지켜 나가는 곳들을 찾아서 함께 만들면 좋겠다는 생각을 했다. 그래서 틈틈이 국내에 많은 곳들을 찾아다녔다.

하지만 생각보다 '가치 생산'을 유지하는 곳이 많지 않았다. 가치가 있는 척 포장하는 곳은 많았지만, 마음에 와닿는 가치를 보여 주는 농장이 드물었다. 대다수가 가치를 일정 부분 포기하며 타협할 수밖에 없는 사정이 있는 것 같았다. 이유가 여럿이겠지만, 개인적으로는 아직까지 국내 소비자들이 '가치 소비'에 배타적이기 때문이라고 생각한다.

그것을 단편적으로 볼 수 있는 게 요식업 시장이다. 아직까지 우리나라는 파인다이닝 레스토랑fine-dining restaurant이 살아남기 힘든 구조다. 어느 파인다이닝 개스트로킹의 배뉴 사신이 이슈가 된 적이 있다. 하얀 접시 위에 문어 다리 몇 개가 플레이팅된 음식 사진이었다. 문어 위에는 몇 년간의 노력으로 만들었다는 독특한 소스가 곁들여져 있었다. '문어가 지나간 거 아니냐'는 조롱과 이에 동조하는 글들이 수백 개가 달렸다. 나도 무조건 적으로 '가스트로노미gastronomie, 미식'를 찬양하지는 않지만, 아쉬운 마음이 드는 건 어쩔 수가 없었다.

수탈과 전쟁의 역사를 지나 이제는 밥을 굶어야 하는 시기가 지났음에도 여전히 가치 소비를 꺼려하는 분위기다. 1억 원이 훌쩍 넘는 벤츠 S클래스를 타고 우리 농장을 방문하는 사모님도 토마토 값 2,000원을 깎지 못해 안달이다. 그렇게 소비자들은 삶의 수준이 어떻든 그저 한 푼이라도 더 싼 농산물을 추구한다.

먹고사는 것만큼은 힘들지 않아야 한다는 그동안의 정부 시책에 익숙한 탓인지 국내 소비자들은 농산물만큼은 비싼 걸 용납하지 않는다. 그래서 우리 농업은 시장 경제 체제 안에 있지만 생산한 물건의 가격을 스스로 정할 수 없다. 농산물을 생산하기까지 투입된 비용이 아무리 많아도 정해진 가격대로 받아야 한다. 농산물 가격을 생산자 스스로 정하고 이를 인정하며 소비하는 문화가 생기기 전까지, 안타깝지만 한국에서 〈다베루 통신)과 같은 형태의 잡지를 출간하는 일은 쉽지 않을 것이다. 전국 단위로 놓고 봐도, 가치 생산에 초점을 맞춰 유지해 온 생산자들이 살아남기 쉽지 않은 산업 구조이기 때문이다.

"이게 정말 야생 꿀이에요? 하도 속이는 세상이어서 믿을 수가 있어야지."

가치 있는 척 흉내내는 것은 어렵지 않다. 하지만 그것이 탄로 나는 데는 오랜 시간이 걸리지 않는다. 관광지에서 펴지지도 않는 우산을 버스 앞에서 떨이로 팔아넘기는 중국 상인들이 생각난다. 비가 오는데도 말이다. 눈 가리고 아웅 하는 격이다. 여러 번 그런 경험을 한 소비자들은 가치 있는 생산물이 존재하지 않는다고 믿는다. 그 때문에 가치를 온전히 지킨 사람들조차도 물건을 제값에 팔 수 없다. 슬픈 악순환이다. 온전히 가치를 유지하며 생산하려면 가치를 생산하는 데 들어가는 노력과 비용을 온전히 돌려받아야만 가능하다. 아무리 좋은 가치라도 대가를 적절하게 받지 못한다면 결국 생산자도 가치 생산을 계속 할 수 없다.

결국 열쇠는 양쪽이 함께 쥐고 있다. 소비자는 수요 때 쓰리라도 '가치 소비'를 늘려야 한다. 생산자는 신뢰를 주기 위한 다양한 시도를 해야 한다. 어떻게 신뢰를 구축할 것인지, 어떻게 신뢰를 유지할 것인지, 거기에 농업 브랜드의 성패가 달렸다.

제 2 부

농사짓다 discover

그래도팜이 농사짓는 법:

농산물 브랜드의 핵심은 어디까지나 농산물이다.

"시중에 토마토가 널렸어도 손이 안 가.

처음엔 왜 2주씩이나 기다리나 했지."

토마토 키우는데 토마토를 왜 사 먹어?

—

본격적으로 농업 브랜드를 구축하기 위해 가장 먼저 해야 할 일은 핵심 가치를 정하는 것이다. 이 부분만큼은 사실 다른 산업과는 달리 시간과 공을 들일 필요가 없다. 누가 봐도 핵심 가치가 이미 정해져 있기 때문이다. 사람들은 스토리가 훌륭하고 포장이 그럴 듯하다고 해서 맛없는 토마토를 다시 사 먹지 않는다. 농업 브랜드의 핵심 가치는 농산물의 품질이 될 수밖에 없다는 이야기다. 선물처럼 다른 요소가 가미된 시장도 있기는 하지만 핵심 가치는 여전히 농산물의 품질이어야 한다.

　"다른 집 토마토 사서 드셔 보셨어요?"
　"우리가 토마토를 키우는데 토마토를 왜 사 먹어?"

내가 알기로는 대부분의 농장주가 타 농가에서 생산한 동종 농산물을 사 먹지 않는다. 내가 이렇게 많이 기르고 있는데 다른 집의 농산물을 왜 사 먹느냐는 논리다. 미안한 이야기이지만, 이미 이 농장은 자신이 내세워야 할 브랜드의 핵심 가치를 잘못 잡고 있을 가능성이 높다. 자신이 키우는 것과 남이 키우는 것을 제대로 분리하지 못하고 있기 때문이다. 더군다나 그것이 차별화 지점인데도 은연 중에 남과 동일시하고 있다. 본인조차 다름을 추구하지 않으면서 타인이 다름을 인정해 주길 바라는 자세다.

농업 브랜드를 만들어야겠다고 마음먹었을 때, 주변의 브랜드 전문가들이 "쉽지 않을 거다"라고 말했다. 핵심 가치가 농산물이지만, 농산물 사이에 변별력이 크게 없는데 어떻게 브랜드로 성공할 수 있겠냐는 비판이었다. 그들의 관점에선 맞는 말이다. 농산물 품질이 획일화된 지금의 농업 구조에서는 농산물 브랜드라는 것 자체가 무의미해 보일 수 있다.

하지만 아버지의 토마토를 맛본 후 나는 브랜드의 가능성을 보았다. 분리해서 판단하는 소비자들을 보았기 때문이다.

"시중에 토마토가 널렸어도 손이 안 가. 처음엔 왜 2주씩이나

기다리나 했지.”

소비자들은 생산자의 생각보다 더 전지전능하다. 다만 그런 소비자들을 만족시킬 만큼 핵심 가치를 만들어 제공한 농장들이 지금까지 별로 없었을 뿐이다. 지금도 귀농을 하신 분들 대부분이 시장에서 보기 드문 작물을 재배하려 한다. 그래야 그나마 승산이 있다고 여기는 것이다. 물론 상황에 따라 돈이 될 수도 있다. 하지만 농업이라는 토양에 정말 단단하게 뿌리를 내리려면 흔한 작물을 잘 키워 내야만 한다. 우리 삶에 항상 함께하는 작물들을 다른 곳과 비교가 될 만큼 잘 길러 내야 한다.

“작은 부분, 큰 차이Little Parts, Big Difference”

작은 지퍼로 세상을 바꾸겠다는 의지가 담긴 YKK라는 지퍼 회사의 슬로건이다. 의류나 가방 지퍼를 보면 YKK라는 로고가 자주 보인다. 요시다 공업사라는 일본 회사다. 전 세계 지퍼 사용량의 50퍼센트를 이 회사가 차지하고 있다. 이 회사의 홈페이지엔 ‘Little Parts, Big Difference’라는 슬로건이 게재되어 있다. 잡은 부품처럼 보이는 지퍼 하나에도 끊임없는 연구 개발과 품질 관리를 통해 큰 차이를 만들어 세계 최고의 자리를 유지하겠다는 것이다. 얼핏 보기엔 당연한 이야기이지만 대부분의 회사들은 좋은 품질보다 높은 효율성과 이윤을 더 추구한다. 지키고자 하는 핵심 가치가 다르다. 그 차이가 결국 '그냥 지퍼냐, YKK 지퍼냐'를 만들어 냈다.

농업도 마찬가지다. 작은 차이처럼 보이지만 핵심 가치를 무엇으로 정하느냐에 따라 큰 차이가 생긴다. 대부분의 농장이 생산량이라는 가치를 핵심 가치로 여긴다. 그것을 바꾸지 않는 한 소규모 농장의 삶이 나아질 가능성은 없다. 양보다 질이어야 한다. 잘하는 농장이 있으면 가 보고 사 먹어 봐야 한다. 내가 기르는 작물과 무엇이 다른지 파악해야 한다. 거기에서 농장의 브랜드가 출발한다.

농사는 땅이 짓는 것

—

"풀은 어떻게 잡으시나요? 벌레는 어떻게 죽이세요?"

"유기농을 하고 싶다는 분들이 왜 다 죽이려고만 하시나요?"

"그럼 약도 못 치는데 어떻게 유기농을 하나요?"

"유기농은 살리는 겁니다."

가끔 아버지께 유기 농법을 듣고자 하시는 농부님들이 오신다. 남녀노소를 막론하고 찾아오시는 분들의 첫 질문은 풀과 병충해를 어떻게 죽이는지부터 시작한다.

"땅이 살아 있어야 합니다."

"땅이 농사를 짓는 거예요."

"땅이 죽으면 제 아무리 뛰어난 농부여도 할 수 있는 게 없습니다."

"땅은 살아 있는 생명체와 같으니 땅을 살려라"라니! 처음엔 나도 아버지의 말씀이 당최 이해가 가지 않았다. 땅은 생명이 아닌데 어떻게 살리라는 말씀이지? 하지만 조금만 사고의 폭을 넓히면 땅이 살아 있다는 설명은 당연한 이야기다. 한 줌의 흙 그 자체는 무기물이지만, 그 속을 들여다보면 수만 가지의 미생물이 얽히고설킨 생태계가 구축돼 있다. 한 줌 흙 속에는 지구의 인구보다 더 많은 미생물이 들어 있다고 한다. 땅은 그 자체로 또 하나의 우주인 셈이다. 그런 생태계를 유기적으로 만들어 주는 게 유기 농업의 본질이다. 그래야만 꼬였던 매듭을 풀 수 있다. 땅속 생태계를 살려야만 유기 농업이 가능하다.

생태계의 균형이 깨지면 그 속에서 자란 식물의 면역력이 가장 먼저 무너진다. 면역력이 약해지면 병도 잘 걸리고 벌레들도 많이 달려든다. 무너진 땅속 면역 체계를 그나마 회복하고자 나타나는 게 신기하게도 잡풀인데, 이마저도 생산성을 위해 모조리 말살한다. 우리에겐 쓸모없고 작물에게 해만 될 것 같지만, 잡풀은 뿌리를 통해 땅속 생태계를 원점으로 돌리기 위해 보이지 않는 노력을 한다. 작물의 경쟁자라고만 생각했던 풀이 사실은 지원군이었던 셈이다. 실제로 땅의 미생물 활성도가 높아질수록 잡풀의 종류도 달라지고 양도 줄어든다. 자신의 일이 없어졌기 때문이다.

땅을 사람으로 바꿔 보면 이해하기가 쉽다. 사람은 음식을 먹고 소화를 한다. 잘못 먹으면 탈이 나고, 그것이 오랜 시간 지속되면 몸이 망가진다. 몸이 망가지면 면역 체계가 무너지고, 아무리 좋은 것을 섭취해도 회복하기가 쉽지 않다. 몸이 이미 망가진 사람이 할 수 있는 것이라곤 몸을 더 망가뜨릴지도 모르는 독한 약을 끊임없이 복용하고 억지로 영양분을 투입해서 생명을 유지하는 길 뿐이다.

땅도 마찬가지다. 땅도 유기물을 분해하고 받아들인다. 발효되지 않은 썩은 유기물을 먹으면 탈이 난다. 그런 일이 오래 지속되면 망가진다. 그러고 나면 땅속 면역 체계는 무너지고 아무리 약을 치고 영양분을 주어도 회복할 수 없다.

반면 땅이 살아나면 풀을 죽이고 벌레를 잡기 위해서 애쓸 필요가 없다. 살아 있는 땅에서 자란 식물은 자기 스스로 병을 치료할 수 있는 힘이 있기 때문이다. 하룻밤 땀을 흘리고 고생을 하면 감기를 거뜬히 털고 일어나는 사람처럼 스스로 병을 견디고 이겨낸다. 농부는 그저 땅속 생태계가 잘 돌아갈 수 있도록 도와주면 된다.

"금수강산이면 뭐하냐? 전 세계에서 가장 농사짓기 안 좋은 땅이야."

금수강산이라는 말이 부끄러울 만큼 '세계 최대 화학 비료 사용 국가'라는 불명예를 뒤집어쓴 나라가 우리나라다. 그만큼 단위 면적당 화학 비료 사용량이 높아서 대한민국의 땅은 이미 땅속 생태계의 균형이 많이 깨져 있다. 더구나 지구에서 가장 오래된 토양에 속하는 편이어서 유기물 함량도 굉장히 낮다. '신토불이'를 외치지만 우리나라의 토질은 상상 이상으로 좋지 못하다.

농업 브랜드의 핵심 가치가 농산물의 품질이라면, 그 농산물 품질은 살아 있는 땅에서 비롯된다. 그렇기 때문에 살아 있지 못한 땅에 화학 비료를 쏟아 부어 공산품을 찍어내듯 만들어낸 농산물은 아무리 거창한 이름을 짓고 스토리를 만들며 포장을 입히더라도 절대로 살아 있는 브랜드가 될 수 없다.

유기농의 진짜 무기는 안전이 아니다

—

"유기 농산물이 더 안전하니까요."
"유기 농산물을 먹으면 더 건강해지니까요."

　유기농의 매력을 이야기할 때, 대부분 농약을 치지 않아서 안전하다는 점을 강조한다. 그렇다 보니 고객들에게 "유기 농산물을 왜 먹어야 할까요?"라고 질문을 던지면, 대다수가 위와 같은 대답만 한다. 우리나라에서 유기농의 이미지는 '안전'에만 집중돼 있다. 그것을 증명하듯 구매 고객 중 상당수는 어린아이를 키우는 엄마들, 은퇴 후 건강한 노년을 보내려는 분들, 그리고 이미 몸이 편찮으신 분들이다.

　유기농을 할 때 안전은 기본이다. 그런데 그 기본을 무시노

내세운다. 역설적으로 국내 시장에서 유기 농산물이 힘을 못 쓰는 이유는 일정 부분 여기에 있다. 한국인들에게 유기 농산물은 '안전하지만 못생기고 볼품없고 맛이 없다'는 이미지를 갖고 있다. 그렇지 않은 건 진짜 유기 농산물이 아니라고 생각한다. 놀라운 건 생산 농가조차 잘못된 인식을 갖고 있다는 점이다. 어떤 생산 농가는 손해를 감수하며 소비자를 위해 어렵게 유기 농산물을 만들었는데 알아주지 않는다며 피해 의식에 사로잡혀 있다. 유기 농산물을 판매하는 곳들은 "안전하니까 그 정도는 소비자가 감수해야 한다"고 한다. 국가에서 전량 수매를 해야 한다고도 말한다. 관행농, 즉 화학 비료와 농약을 이용해 농작물을 생산하는 농가에서 과실을 크게 만들 목적으로 비대제라는 식물 영양제를 치거나 착색제를 쳐서 만들어 낸 농산물과는 분명 차이가 있겠지만, 사실 유기 농산물이라고 해서 무조건 작고 볼품없고 맛없지 않다. 제대로 된 유기 농산물은 적당히 크고 색과 향이 좋으며 단단하고 야무지다.

"유기농은 어렵기만 하고 돈이 안 돼."
"유기 농산물이 안전하다는 설명도 신뢰가 안 가고 비싸기만 하잖아요."

농가는 농가대로 소비자는 소비자대로 이런 생각을 할 수밖에 없는 여러 이유가 있겠지만, 유기 농산물을 포함한 우리나라의 친환경 인증 제도의 문제점을 반드시 지적하고 싶다. 우리나라의 유기농 인증 제도는 판별 기준부터 문제가 있다. 과정은 없고, 결과 중심이다. 여기서 말하는 결과는 농약과 화학 비료의 검출 유무다. 농사짓는 과정이 어찌 됐든 최종적으로 농약과 화학 비료만 검출되지 않으면 유기농이라는 이름을 쓸 수 있다. 다른 나라들의 유기농 인증은 이처럼 실험실 분석 위주가 아니다. 직접 농장을 찾아가 흙을 만지고 살펴보며 땅속 생태계를 관리하는 과정을 살핀다.

우리 정부는 유기농을 포함한 친환경 농산물을 육성하기 위해 2000년대 초반부터 대대적인 육성 정책을 펼쳤다. 덕분에 농업인들 사이에 친환경 농업을 하면 정부 보조금도 지원 받고 상품값도 더 받을 수 있다는 사실이 알려지면서 유기농에 참여하는 이가 대거 늘었다.

문제는 이 농가들이 생산한 상품의 질이었다. 이들은 농약 대신 친환경 농약을 쓰고, 화학 비료 대신 유박 비료를 뿌려 농작물을 생산했다. 유박이란 각종 씨앗의 식물성 기름을 짜내고 남은 찌꺼기, 예를 들이 아주까리, 유재, 콩, 쌀겨 등을 지칭

한다. 이들을 주재료로 만든 비료가 유박 비료다. 그런데 유박은 토양 속에서 단기간 내에 분해가 되어 거의 남지 않는다. 그래서 토양이 척박해지는 것을 막을 수 없다. 말하자면 도구만 바뀌었을 뿐 땅속 상태는 그대로인 셈이다. 오히려 관행농보다 땅속의 균형은 더 좋지 못하다. 비료 설계도 없이 시비施肥하다 보니 식물에 질산염이 생기기도 한다. 안전을 무기로 내세웠지만 안전에서조차 신뢰를 잃는 상황이 됐다고나 할까?

이렇듯 땅과 생산물의 관계를 알지 못하고 그저 유기농 인증을 위한 유기 농업을 하면 결과적으로 유기농을 지속할 수 없다. 무너진 생태계를 회복시키지 않고 농약과 화학 비료를 주지 않는 것만으로는 점점 하락하는 농산물의 생산성을 회복할 수 없고 매력도 없기 때문이다.

"유기농이고 뭐고 끌려야 사 먹지."

사람의 혀는 참 간사하다. 자신에게 이로운 것을 잘도 구분한다. 약간의 차이도 귀신같이 잡아낸다. 호주와 유럽 방문 중에 찾은 유기 농산물 시장은 활기로 넘쳤다. 그곳에서 만난 소비자들에게 들은 유기농의 매력은 다양했다. 농산물의 맛이 더 좋고, 향이 풍부하며, 저장도 오래할 수 있다. 더군다나 환경과 농사짓는 사람을 지키는 데에도 도움이 된다.

　우리나라의 유기농은 현재 진정한 매력을 놓치고, 단지 상류 계층의 소비욕 또는 과시욕만 채워 주는 값비싼 명품으로 전락하고 말았다. 이제부터라도 유기농을 둘러싼 제도 개선과 인식 변화를 이끌어 유기 농산물을 왜 사 먹느냐는 질문에 이런 대답을 들었으면 좋겠다.

　"맛으로 보나 때깔로 보나 향으로 보나 저장성으로 보나 유기 농산물이 훨씬 더 매력이 있으니까요."

농부의 자긍심

—

"엄마라는 경력은 왜 스펙 한 줄 되지 않는 걸까?"

　유명한 자양강장제 광고에 등장한 카피다. 이 광고 문안을 들으면서 나는 농부가 떠올랐다. 그러고 보면 부모와 농부는 공통점이 참 많다. 사람들이 경력으로 쳐주지도 않지만 힘은 몇 갑절이 든다. 1년 365일 쉬는 날도 없다. 수혜 받는 대상들은 주는 존재를 당연히 여긴다. 결혼을 하고 자식을 낳아 보니 부모로서 억울한 게 한두 가지가 아니다. 농부 역시 마찬가지다. 직접 농사를 지어 판매를 해 보니 이렇게 억울한 직업이 또 있을까 싶다. 이래서 '자식 농사'라는 말이 생겼는지도 모르겠다. 단순히 '키운다'라는 공통분모 때문이 아니라 부모와 농부의 입장이 비슷해서다. 없어서는 안 되는 고귀한 존재. 그럼에도 불구하고 인정받지 못하고 무시당하는 존재. 우리나라에서 부모나 농부로 산다는 것은 그런 것 같다.

"언제부터 농민들이 이렇게 무시당했을까요?"
"무시 안 당한 적이 있긴 했냐?"

이 문제가 어디에서 비롯됐는지 궁금했는데, 아버지께서는 조선시대의 지주–소작농 이야기를 꺼내신다. 땅은 지주가 갖고 농부는 농사만 짓는 관계. 얼핏 보기에 합리적인 관계로 보이지만, 속을 들여다보면 도박판처럼 처음부터 작정하고 뺏고 빼앗기는 구조다. 소작농은 죽었다 깨나도 지주의 그늘에서 벗어나 부를 축적할 수 없었다. 자신이 수확한 쌀을 불공정한 셈으로 빼앗긴 농민은 쌀독이 바닥을 드러내는 현실과 마주할 수밖에 없고, 다시 지주에게 찾아가 쌀을 비싸게 빌린다. 이 구조에서 농민은 무늬만 자유인일 뿐 지주에게 경제적으로 종속된 것과 다름없다. 이것이 조선 500년 역사에 기록된 농민의 모습이다. 실은 그 이전에도, 그 이후인 일제 강점기에도 농민이 진정으로 자유로웠던 적은 없었다. 반만년 역사에서 이 땅의 농민들에게 자긍심을 기대하는 것은 너무도 잔혹한 것이었다.

그렇다면 지금은 어떠한가? 시대가 바뀌고 건강한 먹거리에 사람들이 관심을 두면서 농업과 농부를 대하는 사람들의 태도가 크게 변할 것이라 기대했지만 상황은 여전하다. 건강한 먹거리엔 관심이 생겼지만 이를 만드는 농부와 농업에 대한 관심은 별로 없다. 건강한 사고로 건강한 땅을 만들어야 할 농민들의 마음까지 헤아려 달라고 요청하는 것은 무리일까? 이 시대에도 농민은 아직도 그저 궂은일을 대신하고, 식량을 최대한 싸게 공급하는 존재일 뿐이다.

"너무 쉽게 될 수 있지. 땅만 있으면 농부잖아. 아니지. 땅이 없으면 빌려도 되지."

"농부가 되려고 마음을 먹으면 그 순간부터 농부인 거네요?"

나는 농업 브랜드의 지속 가능성은 결국 농민들의 자긍심 찾기에 달렸다고 본다. 이를 위해서는 진입 장벽부터 다시 손봐야 한다. 지금은 농부 되기가 너무 쉽다. 땅만 있으면 농부가 될 수 있다. 땅이 없어도 빌리기만 해도 농부가 된다. 오죽하면 '할 일 없으면 농사나 지어라'라고 했겠는가!

"청년 농부가 아무래도 더 똑똑하고 하나라도 더 배웠으니 농사도 더 잘 짓겠지?"

최근 지인과 대화를 나누던 중 이 말을 듣고 충격을 받았다. '청년 농부'라는 단어에서 농사를 전문적으로 짓는 느낌을 받는다는 것이었다. 아직도 농업을 씨 뿌리면 작물이 그냥 나오는 수준으로 이해하는 소비자가 많다. 그들은 기존의 '전통적인' 농부들보다 청년 농부들이 공부도 많이 하고 더 품질 좋은 농산물을 생산할 수 있다고 생각하고 있었다. 스마트 팜smart farm을 통해 더 영리하게 농사를 지을 것 같다고도 했다. 스마트 팜이란, 사물인터넷을 통해 수집한 데이터를 기반으로 최적의 농업 환경을 자동으로 제어하는 농장을 말한다.

그런데 청년 농부는 말 그대로 '루키' 또는 '아마추어'다. 물론 기존 농부들이 오랜 세월 동안 농사를 지었다고 무조건 전문가라고 볼 수도 없지만, 그렇다고 청년 농부가 곧 전문가가 되는 건 더더욱 아니다. 농업을 경험할수록 이 분야만큼 많이 배워야 하고, 업業으로 삼기 어려운 분야가 또 있을까 싶다. 지인은 이 점을 모르고 있었다.

병을 고치는 이가 의사라면 병에 안 걸리게 하는 이가 농부다. 또한 전문적인 지식 습득과 오랜 숙련을 통해 사람을 대하는 이가 의사라면, 마찬가지 과정을 거쳐서 식물과 땅을 대해야 하는 이가 농부다. 사람에게 가장 중요한 먹거리를 다루는 만큼 그 어떤 직업인보다 임무가 막중하다. 따라서 농부도 의사처럼 인턴, 레지던트 과정이 필요하다. 우리 주위에는 토양을 엉망으로 만들고, 사람이 먹어서는 안 될 작물을 기르는 이들이 종종 있다. 식물의 본성을 벗어난, 시들지 않고 썩는 채소 같은 것 말이다.

한때 농업은 '천하의 근본'으로 여겨졌다. 실제로 근본으로 대접을 받았는지 의문이지만, 어찌됐든 이제는 농부의 존재 가치와 자격 조건을 재정립해서 농민들의 자긍심을 살려야 하지 않을까? 그런 의미에서 앞으로 이뤄질 농업 교육은 보다 철저하게 계획되고 실행으로 옮겨져야 할 것이다. 그래야만 농업에 자긍심을 갖고 몇 대를 이어 나갈 이유와 힘이 생긴다. 이런 맥락으로 볼 때, 농업 브랜드를 정립해 나가는데 농부의 자긍심 세우기 전략은 가장 중요한 요소다.

스마트하게 농사짓는 법

—

"스마트 팜으로 바꾼 후 생산량이 아주 많이 늘어났습니다."
"스마트 팜이어서 집에서 편하게 휴대폰으로 제어가 가능합니다."
"초보 농부이지만 농업을 시작하기가 힘들지 않아요."

　최근 뉴스에 스마트 팜 이야기가 자주 등장한다. 고령화가 진행되고 농업 인구가 급격히 감소하는 시점에서 국민의 안정적인 식량 확보를 위해서는 적은 인원으로 대량 생산을 하는 시스템은 선택이 아닌 필수다.

　그런데 요즘 추진되는 스마트 팜 사업들의 행보를 보면 조금 불안하다. 농장을 스마트 팜으로 경영을 할 경우, 정부 발표대로라면 생산량은 30퍼센트 가까이 늘고, 고용 노동비는 16퍼센트를 절감할 수 있다. 과연 그럴까? 0.3헥타르_{대략 900평} 규모를 예로 들면, 토지를 제외하고 시설 투자비만 대략 5억 원 이상 들기 때문에 덮어놓고 시작할 수 없다. 스마트 팜의 가장 큰 위험 요소는 초기 시설 투자 비용이다. 또한 수년마다 다시 투자해야 하는 여러 가지 시설 유지 비용, 그리고 네덜란드와는 다르게 극한 극서의 계절을 넘나드는 우리나라 기후 특성으로 인해 적정 온도를 유지하기 위한 냉난방 에너지 비용도 만만치 않다.

더구나 스마트 팜에서 생산되는 농산물 대부분은 양액_{식물 성장에 필요한 물질을 용해시킨 수용액}시설에 적합한 토마토나 파프리카 등의 작물이다. 결정적으로 스마트 팜에서 생산됐다고 해서 더 높은 가격을 쳐주진 않는다. 물론 농산물의 품질보다 무게나 시기에 치중된 국내 시장에서 당분간은 농산물이 부족한 시기를 공략한다면 혜택을 볼 순 있겠지만 스마트 팜이 지금 속도대로 점점 더 확대된다면 이것 역시 경쟁력이 없을 것이다.

"나에게 쉬운 것은 남들에게도 쉽다."

내가 쉽게 농사지을 수 있다면 남들도 그렇다는 뜻이고, 이는 진입 장벽이 낮다는 의미이다. 자본가들은 스마트 팜에 진입하기 쉬울 것이다. 결과적으로 공급량은 쉽게 늘어날 것이다. 지금이야 스마트 팜이 많지 않기 때문에 경쟁력이 있겠지만, 지금과 같은 추세로 스마트 팜이 늘어나면 생산성 향상은 결국 생산과잉을 초래할 것이다. 어찌 보면 농민들에겐 축복이 아닌 재앙이 될 가능성이 크다. 더 큰 문제는 스마트 팜을 장려하는 관계자들도 이런 상황이 펼쳐지면 별다른 판로를 제시하지 못할 것이라는 점이다.

　"농부가 뭘 못 만들어서 지금껏 힘들었나? 못 팔아서 문제였지!"

　이런 이유로 나는 스마트 팜에서 표준화된 품질의 농산물을 대량 생산만 한다고 해서 스마트 팜의 미래가 밝다고 생각하지 않는다. 지속 가능하려면 판로를 해결할 수 있어야 한다. 그러려면 단순히 표준화된 생산물의 양을 증대하기보다는 소비자가 느낄 정도의 차별화된 맛을 낼 수 있어야 한다.

"아삭!"

"딸기가 사과 같은 식감이에요!"

　지금은 돌아가셨지만 미생물 퇴비 농법을 아버지와 함께 수학하셨던 분의 딸기를 먹었던 기억이 아직도 생생하다. 그 맛을 본 이후 토경 재배의 진면목을 볼 수 있는 작물이 나는 딸기라고 생각했다.

　하지만 요즘은 '스마트 팜에서 재배된 딸기가 당도도 높고 더 맛있었다'라는 소비자 후기를 쉽게 볼 수 있다. 그 소비자들도 유기물이 풍부하고 잘 가꿔진 토양에서 이뤄진 토경 재배 딸기의 맛을 본 적이 있다면, 감히 예상컨대 스마트 팜 딸기가 더 맛있다는 말은 할 수 없을 것이다. 과일의 맛은 당도만으로 결정되지 않기 때문이다.

　물론 토경 재배라도 화학 비료 위주로 재배되는 딸기의 경우엔 양액 재배와 별 차이가 없거나, 오히려 그보다 못한 결과를 낳는다. 무게와 크기 그리고 시기적 희소성으로만 가격이 결정되는 우리나라 농산물 시장에서 살아남기 위해 화학 비료에 의존해 발달된 토경 재배. 바로 이러한 방식 때문에 토경 재배에 대한 전체적인 이미지가 나쁘게 됐다. 키우기 힘들고, 맛없고 잘 무르는 과일을 만드는 재배법이라는 이미지 말이다. 아쉬울 뿐이다.

 "그래도팜도 나름 스마트 팜입니다."

 우리 농장에도 자동 개폐기, 차광 보온 커튼, 온풍기 등 농업 생산성을 향상시키고 농부의 단순 노동을 조금이나마 더는 다양한 현대 기술을 실정에 맞게 들이고 있다. 아버지는 시설의 필요성을 판단할 때 생산량을 늘리는 것만이 아닌 품질 향상에 도움이 된다고 판단되는 시설만을 도입하셨다. 생산량을 늘릴 수 있어도 품질을 떨어뜨리는 요인이 있으면 과감히 배제하셨다. 그러다 보니 최고의 맛을 위한 가장 중요한 요소인 땅은 지금까지 포기하지 않으셨다. 또한 현재까진 스마트 팜의 주요 기능으로 부각되고 있는 빅데이터를 활용한 데이터 의존형 기술도 도입하지 않으셨다. 토양 기반 농업에서 성립되기 어려운 이유도 있지만, 표준화된 온도와 습도에서 최고급 품질을 만들어낼 가능성이 적다고 여기셨기 때문이다.
 물론 언젠가 과학 발전이 모든 한계를 넘어 맛 또한 우위에 설 날도 올 것이다. 하지만 지금까지는 농산물의 맛만큼은 잘 가꿔진 땅에서 난 것을 이기지 못한다는 사실을 아버지와 나는 우리나라뿐만 아니라 네덜란드, 일본 등지의 스마트 팜을 직접 방문해 토마토 맛을 보면서 확인했다. 우리는 이러한 이유로 아직까지 배지_{식물체 배양에 필요한 영양소를 충분히 주고 적당한 삼투압, pH를 맞추어 준 것. 형태에 따라 액체 배지와 고형 배지로 나뉜다.}와 데이터를 기반으로 하는 양액 자동화 시스템이 아닌, 땅과 농부가 중심이 된 농장을 만들어 가고 있다. 단순히 가치를 지키려는 이유만이 아닌 우리만의 차별화된 품질을 유지하기 위해서다. 적절한 기술을 도입하되 품질을 위한 양보는 절대로 하지 않는다. 그것이 우리 농장이 농사를 스마트하게 짓는 방법이다.

'우리 동네' 농산물이 최고?

—

"어르신, 이 지역 농산물은 왜 이렇게 맛있을까요?"
"우리 동네는 공기도 좋고, 물도 좋고, 일교차도 크니까 맛있지!"

　모든 국민들이 한 번쯤은 시청했을 〈6시 내고향〉에 단골로 나오는 멘트다. 대한민국에 청정 지역, 큰 일교차, 좋은 물 없는 농사는 없나 보다. 어느 지역을 가든 똑같은 이유를 들며 자기 동네 농산물이 가장 맛있다고 말한다. 여기서 의문! 그렇다면 굳이 '지역'을 따져 가며 농산물을 구분할 필요가 있을까?

　호주에 갔을 때 '파머스 마켓farmer's market'을 둘러본 적이 있다. 파머스 마켓은 지역의 농부가 생산한 농산물을 소비자에게 직접 판매하는 시장이다. 농부들은 유통 비용 없이 안정적인 판매처를 확보해서 좋고, 소비자들은 신선하고 품질이 좋은 농산물을 싼 가격에 구입할 수 있어서 좋은 곳이다. 그런데 그곳 매니저에게 들은 호주의 '로컬' 개념은 우리와 사뭇 달랐다.

"4시간 정도 거리에서 수급하는 생산물을 '로컬'로 봅니다."

4시간이면 우리나라에선 자동차로 북쪽 끝에서 남쪽 끝까지 갈 정도의 시간이다. 호주를 기준으로 보자면, 대한민국의 경우 지역 특산물이라는 말이 성립하지 않는다. 전국을 하나의 '지역'으로 볼 수도 있기 때문이다. 어찌 보면 우리는 국가의 특산물을 찾는 게 맞을지도 모른다. 물론 작은 지역이라도 고도에 따라 기후도 다르고, 지역마다 토질도 조금씩 다르기 때문에 모든 국토가 같다고는 할 수 없다.

호주의 로컬 기준을 우리나라에 그대로 적용할 수 없겠지만, 이 이야기를 꺼내는 이유는 농부의 생산 기술보다 동네 환경을 농산물의 질을 좌우하는 요인으로 중요하게 언급하지 않았으면 하는 바람 때문이다. 실제로 A복숭아, B과메기, C사과 등 브랜드화가 될 정도로 유명한 지역 특산물들을 직접 접하고는 실망했던 일이 적지 않다.

"이거 A복숭아 맞아? 예전엔 이 맛이 아니었는데? 완전 맹탕이네."

"이거 B과메기라더니! 뭐 이래? 너무 비려."

"C사과는 이런 맛으로 어떻게 유명해졌대? 갈아서 주스나 해 먹어야겠다."

예전부터 밥맛이 좋기로 유명한 D지역 쌀의 경우에는 이런 일화가 있다. D지역 쌀을 대표하는 동네에서 쌀 품질에 자부심을 더하고자 자신 있게 여러 종류의 쌀을 놓고 관능검사官能檢査를 했다. 관능검사는 일종의 블라인드 테스트로서 사람의 오감을 통해 식료품이나 향료의 품질을 평가하는 방법이다. 자신감 넘치던 D지역 대표들이 받아든 결과는 당혹스러웠다. '사람들이 쌀 맛이 좋기로 유명한 우리 지역 쌀을 선택하겠지'라는 기대와는 달리 타 지역에 심은 일본산 고시히카리 품종이 선택을 받았다. 이 때문에 검사장 분위기가 이상해졌다고 한다.

그런데 D지역 쌀이 타 지역 고시히카리에 패한 이유를 품종 문제로만 볼 수는 없다. 아버지께선 쌀 맛의 빈화를 두고 이렇게 말씀하셨다.

"요즘 밥맛이 예전 같지 않은 이유는 순전히 기계화 때문이야. 벼를 베기 며칠 전까지도 논에 물이 그득해야 쌀 맛이 좋지. 그리고 수확해서 건조하는 방식도 밥맛을 좌우해. 볏짚 채로 베서 말려야 볏짚의 양분이 낟알로 가거든. 그래서 콤바인으로 수확한 쌀 맛은 좋을 수가 없어. 무거운 콤바인이 논에 들어가려면 일찌감치 물을 빼고 바닥을 말려야 하니까. 그리고 콤바인에선 바로 낟알을 털어서 자루에 담는데 밥맛이 좋을 수가 있나?"

D지역의 논들은 예전부터 고래실논이었다고 한다. 바닥이 깊고 물길이 좋아 기름진 논이었다는 이야기다. D지역 쌀의 명성은 결국 물이 잘 드는 논에서 쌀을 수확했기에 가능했던 것이다. 하지만 콤바인을 쓰기 위해 일찌감치 물을 빼고 말리는 논이 됐으니 이제는 상황이 달라질 수밖에.

나와 함께 '마르쉐@'라는 도시형 장터에 출점하는 농부님 중에 우보농장의 이근이 님이 있다. 그는 토종 벼를 키우고 있고, 일일이 손으로 모를 심고, 손으로 벼를 벤다. 도널드 트럼프

미국 대통령이 방한했을 때 청와대에서 내놓은 쌀이 그의 것이다. 밥맛이 없을 수가 없다. 위와 같은 이유 때문인 것 같다.

지역만으로 농산물의 품질을 논하는 오류를 더 이상 범하지 말았으면 좋겠다. 농산물 시장이 개방되는 상황에서 입맛이 더욱 까다로워진 소비자들에게 지역론은 통하지 않는다. 물론 지역의 기후적 이점이나 생태적 이점을 활용해 품질을 높이는 노력도 필요하겠지만, 그전에 개별 농가들의 품질 향상에 대한 노력이 선행돼야 할 것이다.

농부가 집요한 연구를 통해 생산물의 품질을 높일 때, 시장에서 품질 차이를 온전히 평가하는 문화를 만들 수 있다. 그래야만 우리 농산물이 시장에서 경쟁력을 가질 수 있다. 지역에 편승하는 것은 그만하자. 지역으로만 뭉치면 죽는다. 중요한 건 농부다.

대를 잇지 못한 농사에 장인은 없다

—

유기농 명인, 농업 마이스터, 최고 농업 기술 명인 등 어느 순간부터 농업계에도 장인 열풍이 분다.

"아버지도 유기농으로 농사를 지으신 지 수십 년인 데다가, 소비자들이 줄 서서 사 가는 농산물을 생산하고 계신데, 이제 장인이라고 해도 되지 않을까요?"

"농사에 장인이 어디 있냐?"

"왜요? 보니까 '농업 기술 명인', '농업 마이스터', '유기농 명인'이다 해서 인정받는 분들이 많던데요?"

"1년에 잘해 봐야 두세 번 짓고, 평생 해 봐야 백 번도 연습하기 힘든 게 농사야. 하다못해 방망이를 깎아도 만 번은 연습하고 나서야 장인 소리를 들어도 들을 텐데 백 번도 농사를 안 지어 보고 그런 소리를 듣는 건 가당치도 않지."

우리는 종종 사회가 정한 기준을 의심 없이 받아들인다. 농업 분야에서 사회가 정한 가치 평가의 기준은 무엇일까? 정성과 시간이 아닐까? 수십 년 세월과 정성이라는 잣대는 다른 분야와 마찬가지로 농업에서도 흔히 쓰인다.

"땀이야말로 좋은 농산물을 생산하는데 가장 훌륭한 자양분입니다."

어디선가 한 번쯤은 들었을 이야기다. 하지만 대한민국 농부 대부분이 땀 흘려 일하고, 누구보다도 정성으로 작물을 대한다. 그렇게 하지 않으면 작물은 금세 유명을 달리하기 때문이다. 심지어 농약도 땀 흘리며 정성껏 친다. 농사에서 정성은 자동차 운전을 하기 위해 운전면허증을 발급받는 것과 같다. 기본일 뿐이라는 이야기다. 그런데 그 정성 때문에 자신의 생산물을 최고로 여긴다면?

농업은 생물학부터 화학, 전기학, 물리학 등 방대한 지식을 필요로 하는 분야이다. 자격증만 없을 뿐이지 식물 입장에서 농부는 의사 또는 약사와 다름없다. 이 사실을 외면하는 농부들이 있다. 주변을 찬찬히 살펴보면 10~20년의 농사 경험을 상당히 신뢰한다. 아버지의 표현을 빌리면, 스스로를 장인으로 칭하는 농부도 실은 50회 미만의 경험을 한 것인데 마치 농업의 모든 부분을 통달한 것처럼 말하고 행동한다. 이들 중 화학 비료 없이도 농사를 지을 수 있는 농부가 몇이나 될까? 농약 판매상의 검증 안 된 처방에 의존해서 농사를 짓는 경우가 아직도 허다하다. 객관적인 의학 지식이 없는데도 자신 있게 의사 행세를 하는 셈이다. 어깨너머로라도 배워서 하는 무면허 의료 행위는 여기에 비하면 양반이다.

"환자를 정성으로 오랜 시간 보살폈지만 유감스럽게도 나아지진 않았습니다."
"열이 많이 나는데, 해열제 한 알로는 열이 내리질 않으니 열흘 치를 한꺼번에 먹여 봅시다."

다소 과장된 비유이기는 하지만, 의사가 이렇게 말하는 것이나 마찬가지인 행동을 몇몇 농부들은 서슴지 않는다. 매년 3월이 되면 완숙되지 않은 썩은 퇴비 냄새가 지천에 퍼지는 현상이 그것을 증명한다. 본인이 농사짓고 있는 땅의 염기 포화도CEC가 몇인지 물어봤을 때 금세 대답할 사람이 얼마나 될지 사실 의문이다. 염기 포화도란 흙의 영양 상태가 좋고 나쁨을 판단하는 기준인데 토양이 양분을 보유할 수 있는 능력을 말한다. 토양마다 이 수치가 다르고, 그에 따라 비료 설계 기준이 달라진다.

그분들이 세월 속에서 습득한 수많은 경험을 모두 부정하는 것은 절대 아니다. 세월이 가진 힘이 반드시 있다. 하지만 내가 문제 제기를 하고 싶은 부분은 이것이다. 땅과 식물에 대한 탐구 없이 수십 년을 습관처럼 농사짓고, 자신의 방식이 정답이라고 여기는 태도. 농사에서 직업적인 소명과 기술 탐구는 늘 필요하고, 기술만큼 중요한 부분이 태도다.

"여기는 크게 볼 건 없네요?"
"볼 게 없는 곳은 없어. 네가 못 본 것일 뿐이지."

아버지와 함께 다른 농장을 방문하면 난 항상 비슷한 모습의 농장에 지루해 했다. 아버지는 잘하는 농장은 잘하는 대로,

못하는 농장은 못하는 대로 그 속에서 찾은 장단점들이 늘 거울처럼 우리 농장을 비춘다고 말씀하신다. 그래서 아버지는 다른 농장을 방문하면 꼭 한 가지라도 배울 점을 찾으려고 노력하신다. 수십 년 동안 수십 번을 농사짓는 '연습(!)'을 해 보았지만 그래 봤자 우물 안이고 아직도 멀었다고 하신다. 새로운 방법이 나오면 꼭 비교해 보고 스스로의 기술에 자만하지 않으신다. "이래서 농업은 가업을 이어야만 한다"는 말씀과 함께 말이다.

"이렇게 매번 농사가 다른데 아무리 빼어난 기술을 가졌다 한들 한 대에서 장인이 나올 수가 있겠냐?"

겸손인지 협박인지 모를 아버지의 말씀과 아버지가 몸소 보여 주신 40년 가까운 세월은 내가 아버지의 오답 노트를 이어서 써 내려가야 할 이유가 돼 가고 있다.

자연농과 상업농 사이

—

자연 재배, 유기 재배, 관행 재배, 스마트 팜 등 농사의 종류도 참 많다. 그렇다 보니 농사를 시작할 때 어떤 농사를 짓는 게 현명한지 판단하기 어렵다. 크게 자연농과 상업농으로 나눌 수 있지만, 이 둘 중 한쪽 손을 들어주는 일은 도움이 될 것 같지 않다. 그렇다면 어떤 농사를 지어야 할까?

앞서 언급했듯이 대한민국의 금수강산은 생각보다 농사짓기 좋은 땅이 아니다. 이곳에서 농사를 짓는 방식은 다른 나라와는 차이가 있어야 한다. 독일이나 일본 등 유기물이 풍부한 곳에서의 자연 재배와 대한민국에서의 자연 재배가 출발선부터 달라야 하는 이유다.

우리 땅에서 다른 나라 농법을 그대로 적용하여 자신이 사업에 가장 가까운 농업을 하고 있다고 말하는 분들이 간혹 계신다. 농사는 자연을 최대한 건드리지 말아야 하며 땀 흘려서 일한 만큼만 거둬야 한다고 주장하신다. 욕심을 내면 죄악이고, 생산성을 높이는 일은 농업이 가야 할 방향이 아니다. '진정한 유기농'은 노지에서 재배하는 자연 재배밖에 없다고 못박는다. 그 자연 재배만이 자연을 지킨다고 한다.

"유기농 시설 재배를 하고 있습니다."
"시설에서 키우는 게 무슨 유기농이야?"

무엇이 진정한 유기농일까?

3무無 농법으로 소개되는 자연 농법을 한번 살펴보자. 3무無는 '무경운밭을 갈지 않는 것', '무멀칭비닐 피복(멀칭)을 하지 않는 것', '무투입비료는 물론이고 유기질 퇴비도 투입하지 않는 것'을 말한다.

그런데 이 농법은 자연의 순환에 위배되지 않는 것일까? 인간을 위한 농업은 원래부터 자연과 함께할 수 없는 것이었다. 그것을 인정해야 한다. 생태계 전체로 봤을 때, 농업은 오로지 인간을 위해 인위적으로 환경을 재구성하는 행위다. 다양한 식생지표를 덮고 있는 식물적 생물 공동체의 전체을 제거하고 그 자리에 인간이 필요로 하는 식물만을 자라게 하는 것, 그 식물을 잘 기르기 위해 주변 해충들의 개체수를 인위적으로 줄이려는 노력 모두가 생태계를 교란한다. 예를 들어 식생을 제거하면 토양 기반이 약해진다. 그 결과 토양 침식이 증가하고 토양으로 유기물이 자연스럽게 유입되지 못한다. 토양 생태계의 영양 순환이 교란되는 것이다. 말하자면 아무리 자연농이라도 논과 밭에 인간이 먹을 수 있는 생산물을 재배하는 것 자체가 이미 자연에게 피해를 주는 행위다. 가축이 불쌍해서 채식을 한다는데 가죽옷을 입고 있는 격이다.

이건 옳고 그름의 문제가 아니다. 태생부터 비자연적이었던 농업을 자연에 가깝게 만드는 노력이 얼마나 인류와 자연에게 도움이 되는지에 관한 이야기다. 결론적으로 농업은 자연이 될 수 없다. 그래서 자연이 되자고 외치는 것보다 최대의 효율로 우리가 취할 것을 취하되 자연에게 돌아가는 피해를 최소화해야 한다. 효율성과 회복성이 중요하다는 이야기다. 그런데 자연농에는 효율성이 빠졌다.

"그렇게 비료를 많이 뿌리세요?"

"모르는 소리 하지 마라. 이렇게 해도 남는 거 하나 없어."

그렇다면 관행농으로 대표되는 상업농은 어떨까? 동네 어르신들의 농사를 가끔 보고 있으면 겁이 덜컥 난다. 비료를 쏟아붓고 약을 퍼붓는다. 그것도 모자라 비닐 멀칭을 걷지도 않은 상태로 밭을 간다. 저렇게 땅을 함부로 대해도 과연 인간에게 문제가 없을까? 단순히 '내 세대까진 괜찮겠지' 하는 마음이 들다가도 자식을 둔 아빠의 입장에서 어쨌든 나의 후손이 떠안을 문제라고 생각하면 잠이 오질 않는다.

거둬들일 수 있는 생산물의 양은 한정적인데, 토지 임대료와 농기계 할부 이자 그리고 비료와 농약을 사기 위해 들어가는 비용은 해마다 늘어난다. 그들은 땅을 희생시켜 그것들을 충당하려 한다. 미래를 생각할 여유는 없다. 오늘을 살 뿐이다. 카드 돌려막기처럼 당장의 위기를 더 큰 위험을 안고 당겨쓰는 것뿐이다.

양쪽 모두 상황이 이러니 이들 뿐만 아니라 앞으로 농업에 참여할 사람들에게 보다 현실적인 새로운 경영 모델을 제시해야 한다는 생각을 하게 됐다. 농업 또한 확실한 수익이 보장되고, 소비자에게 유익하고 사회에도 도움이 돼야 한다. 그래서 자연농의 지향점을 일정 부분 취하되 상업농으로서 취해야 할 효율성도 확실하게 챙겨야 한다는 결론에 도달했다.

"미생물 퇴비 농법은 회복성과 효율성을 갖추고 있습니다."

현재 우리가 시도하고 있는 미생물 퇴비 농법은 이 두 가지를 충족한다. 어느 정도 세월이 필요하지만 농사짓는 사람이 투입한 금액과 결과를 따져 보면 남는 장사인 농법이다. 경운도 하고 멀칭도 하고 유기물도 투입하지만, 미생물을 활용하여 최대한 자연을 불편하지 않게 하는 선에서 인간이 필요한 것을 효과적으로 얻을 수 있다. 멀리 내다보며 제대로 발효된 유기물을 꾸준히 투입하면 생산성을 높이고 수확량을 보전하면서도 자연에 해를 끼치지 않고 농업을 유지할 수 있다.

"농사짓는 사람의 삶이 윤택해야 합니다."

자연에 피해를 주지 않겠다는 마음을 갖고 사회에 도움이 되는 농업을 유지하려면 생산자의 삶도 윤택해야만 가능하다. 가난과 희생의 아픔을 선의라는 이름으로 포장하지 말아야 한다. 농사를 짓는 사람도 삶이 윤택하고 즐거울 필요가 있다. 아무리 멋진 토마토를 키워도 재배자의 지나친 희생이 필요하다면 그것은 지속될 수 없다. 마음이 슬겁고 삶에 여유가 생겨야 더 좋은 생산물을 생산할 수 있고 허튼짓을 안 한다.

농업은 지구 입장에선 뱃살이나 다름없다. 이왕이면 없는 게 좋다. 하지만 인류의 입장에선 없어서는 안 된다. 최소한의 크기에서 최대의 효과를 내야만 한다. 지방은 걷어 내고 근육을 만들어야 한다.

제 3 부

관련짓다 storytelling

평범한 이야기를 브랜드 가치와 관련지어 매력적인 이야기로 표현해야 한다.

의례적인 말을 귀담아들어 줄 사람은 없다.

"내가 부모님에게 상속받은 건

재산이 아니라 땅을 대하는 태도였다.

나는 운 좋게도 흔치 않은 부모님의

삶 한가운데에서 성장하며,

두 분이 지키려 했던 가치를 온몸으로 체득했다.

그런 의미에서는

나는 농업계에 보기 드문 '금삽'이다."

유기농 1세대, 두 사람의 선택

—

"왜 엄마 별명이 쉬리예요?"

"네 엄마는 1급수에서만 살 수 있거든."

　어머니의 별명은 '쉬리'다. 1급수 청정 지역에만 살 수 있는 물고기 쉬리처럼 어머니는 100미터 밖에서 퍼져 오는 담배 연기에도 힘들어 하셔서, 아버지께서 손수 지어 주신 별명이다. 농사를 처음 시작했을 당시 밭에 농약을 치고 나면 정작 농약을 뿌리신 아버지는 멀쩡하셨지만, 농약 줄을 잡으신 어머니는 멀찌감치 서서 농약 냄새만 맡았는데도 사흘은 앓아누우셔야 했다고 한다.

"한두 해 짓고 말 농사도 아니고 평생 지을 농사인데 사람부터 건강해야지."

1983년 아버지는 어머니를 위해 그 당시에는 잘 알려지지도 않았던 유기농을 시작하셨다. 가르쳐 주는 사람도 없었고, 함께하는 이도 없었다. 처음엔 평생 지을 농사이니 건강하게나 짓자고 시작한 유기농이었지만 알아 갈수록 땅을 무시한 농업의 실체가 무서웠고, 세월이 지나서는 다가올 미래가 암담하셨다고 한다. 아버지는 유기농을 알아갈수록 사람이 먹을 것을 기르는 일엔 훨씬 더 신중해야 한다는 생각이 강해지셨다고 말씀하셨다.

"약 한 번 치면 될 걸 뭐 하러 고생을 사서 하냐? 그렇다고 돈을 더 주는 것도 아닌데. 아니 더 주긴 고사하고 반도 못 받는다면서?"

"혼자 난세의 영웅인 척 살아 봐야 누구 하나 안 알아줘. 그거 안 한다고 뭐라 할 사람 한 명도 없으니 지금이라도 잘 생각해."

가장 가까운 가족과 친구들조차 조롱 섞인 조언을 했다. 같은 농업인들의 도를 넘은 비아냥은 몇 번이고 포기할 명분이었다. 지금 생각해 보면 구한말 독립 운동에 투신했던 분들이 아마 그렇지 않았을까? 그럼에도 불구하고 아버지는 타협하지 않고 묵묵히 땅을 만들었다. 적당한 시점에 타협했을 만도 했다. 나였어도 아마 그랬을 것이다. 지금이야 유기농이라면 '명품' 농산물로 인정받기도 하지만, 그 당시엔 키워 봐야 대부분 가격도 제대로 받지 못하는 애물단지였다.

"1,000원 쳐드릴게."

"아니, 저 배추들은 2,000원씩인데 왜 우리 것만 1,000원이에요?"

"오늘 먹고 내일 죽더라도 약에 담갔다 빼서 좀 크게 키워 가져오슈."

어렵게 키운 유기농 배추를 직접 트럭에 싣고 공판장에 가면 경매인들은 하나같이 우리집 농산물을 무시했다. 화학 비료 범벅에 비대제까지 친 배추들에 비해 겉보기에 조금 작다는 이유였다. 맛도 향도 식감도 좋고 심지어 더 공들여 어렵게 키웠지만 가격은 절반. 몸도 배로 힘들고 마음고생까지 했지만 결과는 참담했다. 하지만 어쩌면 자존심이었을 수도 있는 사명감으로 두 분은 순간의 회피로 얻은 경제적인 만족보다 스스로에게 떳떳하기를 택했다. 몰랐으면 어쩔 수 없겠지만 알게 된 이상 다시 돌아갈 수는 없었다.

'딱 저기까지만 가 보자. 그래 딱 저기까지만이다.'

그렇게 조금씩 지나온 세월이 36년이었다. 사람이 먹을 것이기에 뒤로 물러날 곳이 없었다. 동물이 먹을 것이었으면 조금 달랐을까?

"왜 포기하지 않으셨어요?"
"왜 포기하고 싶지 않았겠어? '조금만 더하자' 하다 보니 여기까지 온 거지."

어릴 때 도무지 이해할 수 없던 부모님의 선택이었지만, 살아 보니 조금은 알 것도 같다. 나도 마음은 여전히 20대 초반인데 몸은 어느새 40대를 향하고 있다. 말 그대로 쏜살같다. 그 사이의 세월이 어디로 갔는지 모르겠다. 자식을 낳고 세월이 더 흐르니 지난날 욕심 때문에 선택한 것들이 결국 내 삶에 도움을 준 적이 없었다는 결론과 자주 마주한다. 나 역시 두 분이 왜 그런 삶을 택하셨는지 이제는 조금 알 수 있을 것 같다.

어떤 삶이 좋은 삶인지 기준은 없다. 어떤 선택이 무조건 옳다고 할 수도 없다. 하지만 부모님의 삶을 옆에서 보고 있자니 스스로에게 질문을 하고 답이 이끄는 대로 살아 보는 것도 괜찮은 듯하다. 결과적으로 하늘은 스스로를 돕는 자를 돕는 것처럼 보였기 때문이다. 그렇게 살아 낸 삶이 다른 이들에게 조금이나마 보탬이 될 것이라 믿는다.

유기농 2세대, '흙수저'인 줄 알았던 '금삽'

—

"저는 다른 집들도 그렇게 바닥이 마루보다 깊은 줄 알았어요."

"말도 마. 엄마가 시집올 때 사온 장롱이 천장이 낮아서 못 들어가고 한동안 밖에 있었다니까. 한참 후에 아빠가 방바닥을 다 파서 겨우겨우 넣어서 살았지."

1980년대 초반, 당시 시골에 안 그런 집이 몇이나 있었겠냐만 꾀부릴 줄 모르고, 다른 사람에게 피해를 주면서 자신의 이득을 챙기지 못하는 아버지의 성정상 우리집 경제 상황은 늘 어려울 수밖에 없었다. 더군다나 돈도 안 되는 유기농을 붙잡고 있었으니 요즘 유행하는 '수저계급론'으로 치면 나는 영락없는 '흙수저'였다. 사실 우리 농장 입장에서는 가치로 치자면 금보다 훨씬 중요한 게 흙이어서 '흙수저'라는 말이 마뜩치 않다. 흙이 얼마나 저평가되는지 보여주는 상징적인 단어라고 생각하기 때문이다.

남들은 인정하지 않지만 힘은 몇 곱절이 드는 유기농을 하시며 어려운 살림에 사립대에 자식을 보낸 부모님은 밤낮없이 일을 하셔야만 했다. 그나마 해가 지면 쉬는 게 농사라는데, 야간 작업등까지 켜 놓고, 야간 자율 학습을 마치고 돌아온 수험생인 나보다도 늦게 퇴근하셨던 두 분. 그럼에도 불구하고 철없던 나는 그런 부모님을 원망하기도 했다.

'나는 왜 좀 더 부유한 집에서 태어나지 않았을까? 나도 친구들처럼 해외 경험을 하면 좀 더 수월하게 디자이너로 성공할 수 있지 않을까?'

부모님께서는 많은 것들을 자식에게 해 주고 싶은 마음을 자제하면서까지 타협하지 않고, 본인들의 인생을 다 희생하셨음에도 정작 나는 그 가치를 가벼이 여긴 것이다.

"농업계 금수저 아니에요!"

"금수저라기보다는 금삽이에요."

이따금씩 '금수저'가 아니냐는 질문을 받는다. 그때마다 나는 '금삽'이라고 말한다. 내가 부모님에게 상속받은 건 재산이 아니라 땅을 대하는 태도였다. 두 분은 숱한 고난과 외로움을 감내하면서까지 당신들이 믿는 가치를 지키는 모습을 한평생 보여 주셨다. 가업을 잇게 된 나는 운 좋게도 흔치 않은 부모님의 삶 한가운데에서 성장하며, 두 분이 지키려 했던 가치를 온몸으로 체득했다. 그런 의미에서는 나는 농업계에 보기 드문 '금삽'이다. 아무것도 하지 않아도 떠먹여 주는 부를 받아먹는 이가 '금수저'라면, 나 같은 '금삽'은 부모가 지켜낸 가치를 스스로 삽을 들어 파내야만 한다. 그래야만 의미가 있다.

"저 농사 한번 지어 보려고요."
"생각은 장하다만 할 수 있겠냐?"
"좀 걱정은 되는데 해봐야죠. 아버지 아들이잖아요."

물론 선택의 순간이 왔을 때 부모님처럼 현실과 타협하지 않을 수 있을지 걱정이 앞섰다. 또한 수익 창출이 다른 산업에 비해 어렵고, 어느 업종보다도 만만치 않은 노동량을 요구하는 농업에 몸을 던지기로 마음먹을 때까지 쉽게 용기가 나진 않았다. 브랜딩을 하며 간간히 도와드리는 것과 농업에 주도적으로 참여하는 것은 전혀 다르기 때문이다.

　그럼에도 불구하고 내가 삽을 들어 부모님이 설 자리를 만들지 않는다면 그 누구도 그들이 지켜 온 가치를 알 수 없을 게 분명했다. '금삽'으로서 부모님이 지켜 온 원석을 개발하며 잘 살아가는 모습을 보여 주고, 다른 사람들에게도 긍정적인 영향을 끼치는 것이 내가 받은 행운에 보답하는 사회적 책무라는 생각도 들었다. 나는 그렇게 농업의 언저리가 아닌 농업의 한가운데에 정식으로 뛰어들었다. '흙수저'가 아닌 '금삽'을 들고서 말이다.

아버지 손에 새겨진 것들

—

"또 새 장갑 꺼냈어?"

농사일을 배운지 초반, 나는 새 장갑을 자주 꺼내 썼다. 오래 써서 흙이 배어 있고 축축해진 장갑은 세균이 득실득실할 것 같 아서 찝찝한 느낌을 지울 수 없었기 때문이다. 새참을 먹느라 잠시 벗어 놓았던 장갑을 다시 낄 때면, 이게 내 장갑인가 싶을 정도로 낯설게 느껴졌다. 그럴 때마다 새 장갑을 끼고 싶은 욕 구가 솟구쳐 올랐다. 목업mock-up, 디자인한 제품을 실제로 만들어 보는 것 을 해야 하는 산업 디자인을 전공했지만, 도시에 생활하면서 몸에 밴 습관 때문인지 손이 더러워지는 것을 좀처럼 견디지 못 했다. 손톱 밑에 끼는 때가 너무 싫어서 처음에는 드라마 〈하얀

거탑〉 속 외과 의사라도 된 것 마냥 장갑에 대해 유난을 떨었고, 면장갑에 고무장갑을 한 겹 더 끼우고 나서야 내 손을 온전히 지켜냈다는 안도감에 잡초 하나라도 더 뽑을 수 있었다. 밥 먹는 것 외엔 할 수 있는 게 없었던 약해 빠진 손을 지키기 위해 몇 달을 그렇게 유별나게 굴었다.

그러던 어느 날 무심결에 아버지의 손을 봤다. 내가 마지막으로 기억하는 아버지의 손은 지금의 나 못지않게 하얗고 부드러웠다. 그런데 그 고운 손은 온데간데없었다. 두껍고 상처 가득한 거친 손만 있었다. 논바닥처럼 쩍쩍 갈라져 있었고, 손톱 밑에 뜬 초승달은 보름이 와도 없어지질 않았다.

부모의 손을 바라보며 자식이 느끼는 감정은 각양각색일 것이다.

"저렇게 손이 지저분해지니까 난 저런 일은 하지 말아야지."
"얼마나 고생을 하셨기에 손이 저 모양이 되셨을까?"

거부감도 들고 안타까움도 들 테지만, 나는 아버지의 손을 보며 그저 멋있다는 생각을 했다. 살면서 부모가 보이는 행동은 빛이고 씻어 자식들의 생삭에 영향을 미친다고 생각하는데, 아버지는 당신의 거친 손을 한 번도 부끄러워하지 않으셨고 언제나 자랑스럽게 여기셨다. 그걸 보는 나 역시 아버지의 자부심을 느낄 수 있었다.

짧은 농사일에도 쉽게 지치고 아파 오는 응석받이 내 손에 비해 기계 수리 같은 거친 일부터 가는 끈으로 매듭을 짓는 섬세한 일까지, 모든 부분에서 해결사처럼 보이는 아버지의 손이 그렇게 멋있을 수가 없었다. 아버지가 걸어 온 세월이 훈장처럼 남아 있는 듯했기 때문이다.

물려받을 땅이 많다거나 그동안 벌려 놓은 일이 아까워서 가업을 잇는 경우도 있겠지만, 진정으로 자식의 가슴에 대를 이어야겠다는 마음이 움트게 하는 것은 역시 부모의 태도라고 생각한다. 이제 나는 내 손톱 밑의 초승달이 자랑스럽다. 아버지처럼 농부로서의 자부심을 조금씩 손에 기록해 볼 셈이다.

일'손'이 된 '손'님

—

우리 농장은 지위가 불안정한 비정규직 노동자와 처지가 같다. 한 치 앞을 알 수 없는 비정규 고용 농장이기 때문이다. 정부는 외국인 노동자들을 지방 자치 단체에서 수확철에 파견하는 시스템을 2018년부터 도입했다. 시범 삼아 캄보디아 근로자 2명을 배정 받기로 했는데, 해마다 같은 사람들이 오지 않는 이상 일머리가 없는 일손들이 얼마나 도움이 될지는 모르겠다. 일머리 없는 일손은 오히려 농사일에 방해가 되기 때문이다.

"일손 모자라면 말해. '농활' 갈게."

"마음은 고마운데⋯."

체험 삼아 '농활'을 오겠다고 하는 지인들을 극구 말리는 것도 이런 이유 때문이다.

그렇다고 토마토 농장에서 '일머리'로 불리는 숙련도가 그리 높을 필요는 없다. 어느 정도만 반복하면 누구나 일을 할 수 있다. 그래서 진입 장벽이 낮고, 임금을 높게 책정하기가 어렵다. 임금이 낮다 보니 하려는 사람이 적다. 그렇다고 고용주들이 임금을 더 높게 줄 수도 없는 노릇이다. 대안이 없는 이유다.

농촌 인구가 줄어서 정부가 귀농과 귀촌을 장려하고 있지만, 그렇게 해서 들어오는 분들의 대부분은 농장을 경영하는 고용주다. 이대로 가면 그나마 인구가 유지돼도 대부분 고용주 입장일 것이다. 예전처럼 농사 규모가 작지 않은 이상 고용주들끼리의 품앗이도 기대하기 어렵다. 서울에서는 일자리가 없어 난리이고, 농촌에서는 일할 사람이 없어서 난리다. 이 간극을 해결하려면 어떤 시스템이 생겨야 할까?

"그 집은 일할 사람이 있어?"

이런 상황이니 농사철에 마을 사람들을 만나면, "식사하셨어요?"보다 흔한 인사말이 "그 집은 일할 사람이 있어?"이다. 그만큼 농번기가 되면 농장들은 일손 구하는 일이 가장 큰 관심사다. 이미 마을 사람들의 평균 연령이 70세를 넘긴 지 오래고, 그나마 일할 수 있는 분들은 비닐봉지 하나씩 들고 산책하듯 동네를 누비는 '공공 근로' 일자리에 둥지를 트셨다. 연일 일자리가 부족하다는 뉴스가 쏟아지는데, 그럴 때마다 로마 한복판에 있는 바티칸 시국에 살고 있는 심정이다.

여기서는 일할 사람을 눈 씻고 찾아도 보이지 않는다. 일 년 내내 일이 많지 않은 우리 같은 소농들은 주로 파종기와 수확기에만 일할 사람이 많이 필요하다. 상시 고용 형태로의 접근이 어려우니 누군가를 고용하기가 쉽지 않다. 그렇다고 연중 일할 근로자를 들이고 가족들이 손을 놓을 수도 없는 노릇이다. 그래서 항상 수확철에는 일손 구하기 전쟁이다.

그런데 가끔은 우연치 않게 귀한 인연이 생기기도 한다.

"주문한 지 꽤 된 것 같은데 토마토를 왜 이렇게 오래 기다려야 하나요?

"죄송합니다. 일손이 많이 부족해서 다 익은 토마토도 따질 못하고 있네요."

"저희 집이 근처 도시인데, 딸 사람이 없으면 제가 한번 따보면 안 될까요?”

　농담인 줄 알고 웃어 넘겼는데 그분이 며칠 뒤 진짜로 농장에 오셨다. 수준에 맞지 않는 보상과 처우에도 불구하고 그 뒤로 4년이 넘게 수확철마다 우리 농장의 귀한 일손이 되어 주셨다. 지금은 몸이 안 좋으셔서 도와주시지 못하지만 항상 마음만은 농장에 있다고 하신다. 수년간 토마토를 따러 오셔서 토마토 따기 분야에서 이분만한 전문가가 없는데 우리로선 매우 아쉬울 뿐이다.

　농담처럼 시작됐던 이런 인연 외에도 고객 한 분 한 분의 진심이 담긴 응원은 우리 농장에 큰 힘이 된다. 어려운 순간마다 어디선가 나타나 도움을 주신다. 덕분에 사라져 가는 유기농의 대를 잇는 것이 외롭지만은 않다.

유레카! 갈라진 토마토

—

5월부터 7월 초까지 우리 농장은 '전시 상황'에 돌입한다. 무시무시한 택배 전쟁. 가깝게는 영월읍에 거주하시며 몇 년째 꾸준히 토마토를 드시는 할아버님 댁부터 멀게는 제주도에서 요즘 핫한 카페를 운영하시는 사장님까지, 하루 120~200곳 정도의 개별 가정에 직거래로 수확물을 판매한다. 그러다 보니 전국에 우리 토마토가 안 가는 곳이 없다. 이 시기에는 하루가 어떻게 시작되고 어떻게 끝나는지 모를 만큼 하루 일과가 매우 촘촘하다.

그렇게 바쁜 와중에도 공들여서 꼼꼼히 해야 하는 작업이 있는데, 바로 갈라진 토마토를 골라내는 작업이다. 이 토마토들은 주스 가공용으로 따로 빼내는데 도중에 내 입으로 향하는 토마토가 적지 않다. 그래서 이맘때는 새참이 크게 필요가 없다.

"너 오고 나서부터 주스 가공량이 좀 줄어드는 것 같아."
"골라내다가 맛있어서 저도 모르게 먹고 있어요."
"어때? 터진 게 제일 맛있지?"

아버지의 오랜 경험에서 나온 말씀들은 대부분 특별한 검증 자료가 없어도 혀끝이 먼저 판단을 한다. 말로 설명하긴 어렵지만 진짜 터진 게 좀 더 맛있다. 그럼에도 나는 항상 검증하고 싶은 욕구가 있다. 아버지의 말을 못 믿는 것은 아니지만, 객관적인 정보를 보고 확인해야 안심이 되는 소비자 마인드가 몸에 배어서랄까? 이번에도 어김없이 자료들을 뒤져 객관적인 정보를 확인한 뒤에야 인정한다.

"역시 터진 게 제일 맛있네요."

토마토가 최상의 맛을 낼 때는 가지에 달려 있는 상태다. 완전히 익어서 자연적으로 표면이 갈라질 때다. 미국 농무부의 실험 결과에 따르면, 가지에 달린 채 숙성시킨 토마토의 향기 성분은 덜 익었을 때 따서 익힌 토마토의 열 배에 달하고, 비타민 C나 강력한 항산화 효과를 가진 리코펜lycopene의 양도 거의 두 배 정도 많다.

대한민국은 토마토를 가공보다 생과로 주로 즐기는 나라다. 그 때문에 유통 과정상 무르거나 터질 염려를 줄이기 위해 주로 덜 익은 상태의 단단한 토마토를 따서 유통한다. 흔히 완숙 토마토라고 불리는 큰 토마토의 경우, 덜 익은 토마토 상태에서 따지만 토마토에서 생성되는 에틸렌 가스를 통해 숙성시켜 소비자들에게 도착할 즈음에는 이름처럼 완숙 토마토가 되어 있다. 그렇게 대부분의 농가가 약간 덜 익은 토마토를 수확하는데, 우리 농장의 경우 가지에서 완숙된 토마토만 수확하길 고집한다. 최선의 맛과 향을 소비자들에게 전달하기 위해서다. 그러다 보니 시기가 조금 지나 실금이 간 토마토들이 상대적으로 더 많이 나온다. 토마토 크기가 먹는 데 무슨 상관이냐며 크기에 따라 선별하지도 않으면서, 갈라진 토마토만큼은 눈에 불을 켜고 찾아낸다.

갈라진 토마토들을 농장에 직접 와서 먹는다면 문제가 되지 않겠지만, 택배를 보낼 때 상황이 다르다. 단열이 갈라진 빅그를 사용하긴 하지만, 한여름의 외부 온도는 너무 높다. 게다가 더운 공기를 가득 머금은 채 덜컹거리는 택배 차량을 5회 이상 옮겨 타야 하고, 상·하차 과정에서 갈라진 토마토들이 부딪히며 수분이 나오면 다른 토마토들에도 영향을 주어 다함께 으쌰으쌰 힘을 내어 더 열심히 갈라진다. 자칫하면 토마토를 보냈지만 받는 분은 토마토 퓌레tomato purée, 토마토를 으깨서 걸죽하게 농축한 서양식 조미료를 받는 아찔한 상황이 연출될 수 있다.

덕분에 가장 맛있는 토마토는 늘 우리 가족 몫이다. 간혹 퓌레가 된 토마토를 받은 소비자들이 불만 가득한 메시지와 사진을 문자로 보낸다. 받아 보니 터진 토마토가 너무 많은데 어떻게 이런 상품을 보내냐는 내용도 있다. 지금이야 적응이 되어 괜찮지만, 처음에는 좋은 상품을 주려고 고민하는데, 오히려 욕을 먹으니 '내가 누굴 위해 이러고 있나' 하는 회의감도 많이 들었다.

지금은 모든 분들께 과정 설명을 하고 보관법까지 안내해 드리고 있어서 그런 문자를 받는 횟수는 점점 줄고 있다. 하지만 아직도 잘 익은 토마토의 진가를 모르는 분들이 많은 것 같아 안타깝다. 소비자들이 이런 과정을 잘 알아야 한다. 그래야 농부도 갈라진 토마토를 골라내는 수고로움을 자처할 수 있다.

갈라진 토마토를 발견하면 "유레카!"라고 외쳐야 할 시대가 올 지도 모른다. 그만큼 잘 익은 토마토를 찾기가 힘든 세상이다.

밥 잘 챙겨 먹고 다녀

—

어린 시절 소풍날 아침이면 설렘 탓이었는지, 아니면 무언가 고소한 냄새 때문이었는지 평소엔 그렇게 힘들었던 기상이 달콤하게만 다가왔다. 캄캄한 거실을 지나 냄새를 따라 환하게 밝혀진 주방으로 눈을 비비며 가 보면 엄마가 김밥을 싸고 계셨다. 엄마가 만든 김밥은 유기농으로 키워 갓 도정한 쌀밥, 마당에서 키운 닭이 선사한 계란, 텃밭에서 바로 뽑은 향이 강한 시금치, 조직이 단단해서 식감이 일품이었던 무, 그저 볶았을 뿐인데 질리지 않는 달달함이 입안을 물들이는 당근, 그리고 직접 키운 참깨와 그것으로 만든 참기름으로 만들어졌다. 소풍 전날의 설렘이 소풍 때문이 아니라 김밥 때문이었나 싶을 만큼 이 김밥의 위력은 대단했다.

"오랜만에 김밥 먹을까?"

"김밥만 빼고 다른 거 먹자."

어쩌다 보니 어린 시절 그렇게 좋아했던 김밥이 지금은 가장 싫어하는 음식이 됐다. 회사 생활을 하며 야근 때마다 먹어서 김밥이 야근의 상징이 된 탓도 있지만, 그것만으론 이유가 부족하다. 김밥 재료 하나하나의 온전한 맛들은 사라졌고 먹고 나면 소화 불량이라도 걸린 듯 거북한 느낌만 남는다. 참치 김밥, 치즈 김밥, 땡초 김밥, 우엉 김밥, 멸치 김밥, 돈가스 김밥, 전복 김밥 등 일일이 열거하기도 힘들만큼 수많은 김밥들이 탄생하면서 그야말로 김밥 천국이 됐지만 나를 설레게 하는 김밥 하나를 찾기가 어렵다. 김부터 속 재료까지 그저 한 가지 맛처럼 느껴진다. 김밥 하나만 먹어도 잘 챙겨 먹는 것이었던 시대는 끝났다.

"밥 잘 챙겨 먹고 다녀."

대학에 가기 위해 집을 떠난 이후로 직장 생활을 하는 나이가 돼서도 집에 가끔 안부 전화를 드리면 아버지는 늘 이렇게 말씀하셨다. 그땐 그저 입버릇이시겠거니 생각했는데, 지금 생각해 보면 도시에 사는 아들에게 꼭 해줘야 할 말씀이었던 것 같다.

바쁜 하루하루를 먹기 위해 살기보단 살기 위해 먹는 사람들이 더 많은 사회다. '잘 챙겨 먹기'가 무엇보다 힘들어졌다. 편의점에서 사 먹는 김밥 한 줄은 대표적인 '못 챙겨 먹기'가 돼 버린 지 오래다.

그렇다면 잘 챙겨 먹기 위해선 무엇부터 해야 할까? 우선은 '요리를 해야' 한다. 요리를 한다는 것은 챙겨 먹기의 기본이다. 불편해도 자신에게 선물을 주듯이 음식을 만들어 먹어야 한다. 하지만 대부분의 사람들이 요리와 담을 쌓고 있다. 지금처럼 '쿡방'이 유행인 시대에도 마찬가지다. 점점 더 편리함을 찾고, 섬점 더 지루함을 참지 못한다.

지루함을 넘어 요리를 시작했다면 잘 챙겨 먹기는 어떻게 하는 것일까? 소장하고 있는 영화 중에 모리 준이치 감독의 〈리틀 포레스트〉라는 일본 영화가 있다. 주인공은 도시 생활에 지친 몸을 이끌고 고향인 시골에 돌아와 직접 농사지어 수확한, 계절이 선사하는 재료들을 가지고 매일매일 정성스러운 식사를 챙겨 먹는다. 여름과 가을, 겨울과 봄, 이렇게 총 두 편으로 나뉘어 있는 이 영화를 다 보고 나면 먹기 위한 우리의 과정이 그동안 얼마나 짧아졌는지를 몸으로 느낄 수 있다. 영화의 주인공인 이치코는 재료 하나하나마다 정성을 다하고 이유 있는 과정을 거친다. 한 끼를 그저 '해결하는' 것이 아닌, 한 끼를 잘 채운다는 의미를 이해할 수 있다.

잘 챙겨 먹는다는 것은 그런 것이다. 꼭 농사를 지어 먹지 않더라도 식재료를 관심 있게 보고 구분할 줄 알아야 하며, 편하기 위해 제거한 것들이 결국엔 가장 중요한 게 아니었는지 살펴야 한다. 수고로움을 동반하는 일련의 행동들에 다시 한 번 기회를 줘 보자는 이야기다.

마트에 가 보면 어릴 적 시장에서 보았던 다양한 품종의 농산물들이 자취를 감춘 지 오래다. 색과 향이 다양한 여러 종류의 당근 대신 씻은 당근과 안 씻은 당근만 존재한다. 감자도 호박도 무도 마찬가지다. 다양한 식재료 대신 편리한 식재료들만 살아남았다. 잘 챙겨 먹지 않는 우리의 과오가 마트에 고스란히 진열되어 있다.

'먹는 것'과 '먹을 것을 만드는 사람'에 이제부터라도 관심을 가져야 한다. 히포크라테스는 "우리가 먹는 것이 곧 우리 자신이 된다"라고 했다. 난 '그래노쌈'이라는 브랜드가 사람들이 잘 챙겨먹기 위한 출발점이 되었으면 한다. 하루하루 내가 먹는 것이 쌓이고 쌓여 결국 내가 된다. 하루하루 나를 잘 챙겨서 쌓자.

제 4 부

이름 짓다 naming

자기다움을 담아 이름 짓는 법:

치열하게 찾은 자기다움에 답이 있다.

"30년 넘게 부모님 곁에서 지켜보며

가장 많이 들었던 말이 '그래도'였다.

가만히 들여다보니 이 단어가 30년 이상을

유기농과 함께하신 부모님의 인생과

가장 닮은 듯했다.

두 분이 힘들고 외로웠지만 한결같이 걸어온 그 길.

그 길을 그대로 담으면 됐기 때문이다.

그렇게 해서 탄생한 이름이 '그래도팜'이다."

아무 말 대잔치

—

'해(햇살), 하늘, 별, 맑은 물(나루), 들(뜰), 청정, 자연, 산, 림(林), 생(生), 푸름(그린), 예(옛), 고을, 가(家), 사랑(愛), 희망, 정성, 농(農), 품, 숨, 참, 드림, 웰, 안심, 싱싱…'

국내 개인 농장 브랜드나 각 지방 자치 단체의 농산물 공동 브랜드에서 위에 열거한 단어가 들어간 브랜드를 한번 제외해 보자. 몇 개의 브랜드가 남을까?

위의 단어들은 얼핏 본질에 충실한 것처럼 보인다. 하지만 모아 놓으면 특이점을 찾기가 쉽지 않다. 한 지역 또는 한 농장의 특산품 홍보를 위해 비용을 투자하고 브랜드화하는 과정을 거쳤겠지만, 신뢰도를 높이고 품질 향상에 기여하기에는 부족한 것 같다. 지명이나 품목에 위에 열거한 명사들을 '물리적으로' 접목하고, 여기에 캐릭터를 넣었다고 해서 브랜드 가치를 온전히 표현한 것일까? 나아가 그렇게 만들어진 브랜드는 시장에서 살아남을 수 있는 차이를 만들어 낼 수 있을까?

　냉정하게 말하면, 아니라고 본다. 상대적으로 짧은 브랜딩 작업 시간과 지방 자치 단체 전체를 아우르기 위해 어쩔 수 없이 지역 이름을 앞세워야 하는 지방 자치 단체의 공동 브랜드의 어려움은 여기선 논외로 하겠다. 내가 이야기 하고 싶은 대상은 개별 농가들이다. 자신의 농장을 위와 같이 표현한다면, 이미 차별화에 실패했다고 보아야 할 것 같다.

　"난 희망이라는 단어가 너무 좋아서 '희망농장'이라고 할래."
　"난 청정한 우리 고장에서 농사를 지으니까 '청정고을농장'이라고 했어."

　농가 자신이 만족한다면 더 이상 할 말은 없다. 하지만 브랜드 개발자로서 말하자면 퍽 답답하다.
　브랜드 네이밍을 위해선 브랜드가 사용될 곳과 대상, 경쟁사들의 형태 등 브랜드가 쓰일 환경에 대한 기초 조사가 선행돼야 한다. 이후에는 환경에 맞는 전략을 세워야 한다. 브랜드가 어떤 이미지를 가졌으면 하는지, 어디에 포지셔닝을 했으면 하는지 등을 명확히 해야 한다. 팔고자 하는 농산물의 속성, 농장의 문화와 역사, 표현하고자 하는 가치와 철학 등이 반영돼야 한다.

그것이 이뤄졌다면 콘셉트를 정하고 그에 맞는 네이밍 후보군을 추출한다. 방법은 무궁무진하다. 한글뿐 아니라 영어·한자·일어 등 그 외의 다양한 언어도 확인하고, 합성어·의성어·의태어까지 조사한다. 언어 전반에 걸쳐 핵심 가치나 스토리와 연결할 수 있는 다양한 방법을 고민할 필요가 있다. 두 개의 단어를 변형 없이 결합하거나 동음을 반복하거나 문장을 축약하는 등이 대표적인 방법이다. 추출된 이름 중 마음에 드는 단어들은 언어적 적합성을 살펴보고 상표로서 등록이 가능한지도 검토해야 한다. 브랜드가 확장될 경우 초반에 간과하고 진행했던 이 부분이 큰 걸림돌이 될 수도 있기 때문이다.

"사진을 찍을 줄 안다고 사진가가 아니고, 글씨를 쓸 줄 안다고 서예가가 아니다."

브랜딩 역시 미친가지도 선분가의 영역이다. 이름을 짓고 슬로건을 개발하는 데에도 전문가가 필요하다. 본인의 시각만 믿을 게 아니라 전문가의 도움을 받아 브랜드 전략을 수립해서 끌고 가길 권장한다. 앞으로는 점점 더 브랜드가 구분과 차별을 만들어 내는, 경쟁의 핵심이 되는 시대가 될 것이다. 동일한 제품이라도 신뢰가 깃든 브랜드를 선택하는 소비자가 늘어날 것이다. 매년 수많은 브랜드가 탄생하지만 소비자가 기억하는 브랜드는 극히 일부분이고, 그중에서도 독창성을 유지하며 가치를 높여 가는 브랜드는 더 드물다. 이렇듯 자기 브랜드를 드러내기 어려운 시장에서 우린 경쟁하고 있다. 그러니 옆집에서 얻은 강아지 이름을 짓듯 성마르게 브랜드를 기획해서는 안 되지 않을까?

소중히 키운 농산물이 획일적인 유통 구조에 내몰려 아무런 정체성 없이 판매되는 현실이 참 안타깝다. 그럴듯한 패키지 디자인으로 포장만 잘해서 실체가 보이지 않는 것도 마찬가지이다. 많은 농부들이 자기다운 브랜드를 갖길 바란다. 그것이 자신만의 철학으로 키운 농산물의 얼굴이 되었으면 좋겠다. 성급하게 요건만을 충족해서 만든 브랜드를 시장에 내놓는 순간, 겉만 번지르르하거나 눈에 띄지 않는 브랜드가 되기 십상이다. 농업계도 자신의 정체성을 세우고 제 갈 길을 묵묵히 가는 브랜드를 만들어야 살아남을 수 있는 세상이 오고 있다. '아무 말 대잔치'는 소비자들에게는 그냥 남의 잔치일 뿐이다.

부모님의 세월을 담은 농장 이름, '그래도팜'

—

"안녕하세요. 원가네 농장이죠?"

　우리 농장의 원래 이름은 '원농원'이었다. 지금도 오랜 단골 고객들의 대다수가 우리 농장을 '원농원'으로 부른다. 하지만 '원농원'의 진짜 뜻을 아는 이는 많지 않다. 아버지와 나의 성이 원 씨여서 그냥 성을 따 '원농원'이겠거니 짐작을 한다. 그래서 '원농장'이나 '원 씨네 농장'으로 부르는 경우가 상당히 많다.

　사실 아버지는 '으뜸 원元'을 사용해서 농장 이름을 지으셨는데, '으뜸'이라는 뜻에는 '많은 것 가운데 가장 뛰어난 것'이라는 뜻도 있지만 '기본이나 근본이 되는 뜻'이라는 의미도 있다. 기본을 지키면서 최고가 되는 게 물론 어렵겠지만 '근본을 지키며 최고의 품질을 만들어 낼 수 있는 농사를 짓자'는 마음이 담긴 이름이다. 물론 '원농원'이라는 이름을 듣고 이런 의미를 생각하기가 쉽지 않겠지만 말이다.

그러다 보니 대학에 다닐 때부터 이미 나는 우리 농장의 철학을 다른 사람들도 쉽게 알 수 있을 만한 이름을 고민했다. 농장 이름에 아버지와 어머니의 세월과 신념을 꼭 담고 싶었다. 대학을 졸업하고 직장 생활을 하면서도 몇 년 정도 더 고민했던 것 같다. 그때부턴 다른 농장들의 이름도 많이 조사하고 다양한 방식으로 고민했지만 마음에 확 와 닿는 이름을 찾을 수 없었다. 온갖 단어들을 조합했지만 어딘가 어설프거나 내 것 같지 않았다. 좋은 단어를 찾기 위해 틈만 나면 책방에 들러 수십 권의 에세이를 탐독했다. 그러다 문득 두 분이 살아오시며 가장 많이 하신 말씀이 뭐였는지 떠올렸다.

"그렇게 하면 누가 알아주기나 해요?"
"그래도 하는 데까지는 해 봐야지."

유기농을 하면서 가장 힘든 점이 무엇이었냐는 질문에 부모님 두 분은 외로움이라고 말씀하셨다. 가장 가까운 가족들마저

뭐 하러 그리 고생을 하냐고 말씀했고, 인근에 계시는 부모님의 친구들은 돈도 못 버는데 생고생만 한다며 걱정과 조롱을 섞어 이야기했다. 사실 지금이야 유기농이라는 말이 보편화되고 알아주는 고객들도 많지만, 1990년대까지만 해도 유기농을 한다면 정신 나간 사람 취급 받기 일쑤였다.

"남들은 다 편하게 비료 뿌리는데, 뭐 하러 그렇게까지 하누?"

우리 농장은 퇴비를 직접 만들어서 1년에 한 번씩 밭에 뿌려주는데 그 양이 자그마치 120톤이다. 퇴비를 만드는 과정은 귀찮기도 하고 많은 비용과 수고를 동반한다. 그걸 아는 동네 어르신들은 농장 앞을 지나가며 퇴비 만드는 장면을 보시면 이처럼 혀를 끌끌 차며 한마디씩 던지곤 하셨다. 나도 부모님께 편한 방법을 찾자고 권유한 적이 한두 번이 아니었다. 하지만 그때마다 돌아오는 답은 한결같았다.

"남들 다 편한 방식으로 바꾸는데 우리도 바꾸면 어때요?"
"에이, 남들 다 그래도 우리까지 그럼 쓰냐?"

"이 정도는 상관없지 않아요?"

"그래도 그럼 되겠냐?"

돌이켜 보니 어릴 적 나와 두 분과의 대화는 늘 이런 식이었다. 부서진 댐 사이로 물이 새어 나오다가 한 번에 폭발적으로 쏟아지듯이 아버지, 어머니 말씀들 속에서 답이 보였다.

'그래도. 그래도? 그래도!'

30년 넘게 부모님 곁에서 지켜보며 가장 많이 들었던 말이 '그래도'였다. 가만히 들여다보니 이 단어가 30년 이상을 유기농을 하신 부모님의 인생과 가장 닮은 듯했다. 부모님의 농사는 상업적인 이유가 아닌 '그저 사람이 먹을 것을 만드는 일'을 위해 기본을 반드시 지키려는, 현실과 타협이 없는 농사였다. 그 길은 다소 불편했고, 오랜 시간을 필요로 했고, 한없이 힘들었고, 누구도 알아주지 않는 길이었다. 그럼에도 불구하고, 그래도, 무겁지만 한결같은 걸음걸이로 이어온 30여 년이었다. 농장 이름은 더 이상 고민할 필요가 없었다. 두 분이 힘들고 외로워지만 한결같이 걸어온 그 길. 그 길을 그대로 담으면 됐기 때문이다. 브랜드의 이름이 누군가에게 기억되고 싶으면, 브랜드를 이끌어 갈 정신이 담겨야 한다. '그래도'라는 단어 하나에 사람, 삶, 세월이 응축돼 있었다.

그렇게 해서 탄생한 이름이 '그래도팜'이다. 지금도 '그래도팜'이라는 농장 이름을 누군가에게 말할 때에는 부모님의 세월이 함께 스쳐 지나간다. 앞으로도 그럴 것 같다. 내가 쉽고 편한 선택을 놓고 기로에 설 때마다 '그래도팜'이 그래도 나를 바로잡아 줄 것이다.

타협하지 않고 지켜 낸 결실

—

"돈 안 줘도 그래도 판다고 '그래도팜'이에요?"

브랜드 개발 초반에 '그래도팜'이라는 농장 이름을 듣고 농장의 철학을 오해하는 분들이 종종 있었다. 내가 의도한 부분은 아니었지만, 부모님이 지켜 온 가치가 제대로 전달되지 못한다는 사실이 못내 아쉬웠다. 아무리 많은 고민 끝에 완성한 이름이라 할지라도 개인의 취향과 생각에 따라 단어가 달리 해석될 가능성이 있다는 것을 간과했다. 네이밍이 네이밍으로 끝나는 것이 아닌, 구분 짓고 관계 짓는 것과 반드시 연결돼야 한다는 사실을 깨닫는 순간이었다. '그래도'라는 단어를 보조할 슬로건을 개발하기도 했다.

슬로건은 브랜드 이미지와 가고자 하는 방향을 압축해서 보여주는 좋은 커뮤니케이션 도구다. 소비자들은 브랜드 슬로건을 통해 브랜드를 좀 더 명확하게 이해할 수 있고, 브랜드의 핵심 가치를 엿볼 수 있다. 슬로건의 몇 단어만으로도 소비자들은 이 브랜드가 어떤 콘셉트이며 어떤 내용을 중시하는지 알 수 있다.

슬로건이 할 수 있는 역할은 다양하다. 행동을 유도한다거나 부족한 부분을 설명할 수 있다. 브랜드를 과시할 수도 있고, 소비자를 자극할 수도 있다. 우리 농장은 한순간에 소비자들의 흥미를 끌어야 하는 광고 마케팅을 필요로 하는 사업을 하지 않기 때문에 슬로건이 브랜드명의 부족한 부분을 보조하는 역할에 방점을 두었다. '그래도'라는 단어에 핵심 가치가 내포되어 있지만 사람들에게 한 번 더 설명해 주고 싶었다.

앞에서 말했듯이 '그래도'라는 단어는 수십 년간 타협하지 않고 참고 인내한 부모님의 고집과 그렇게 얻어낸 땅이라는 결실을 내포하고 있다. 결실은 농업 브랜드에서 가장 중요한 핵심 가치인 농산물의 수확을 의미하기도 한다. 그렇게 어렵게 만들어낸 땅과 그 땅에서 수확한 토마토 한 알의 소중함을 담아 슬로건을 개발했다.

'타협하지 않고 지켜 낸 결실'

    대기업의 슬로건처럼 궁금하다거나, 읽히기 쉽다거나, 짧고 트렌디하지는 않지만, 시간이 지나도 변하지 않을 가치를 담아 마치 소비자에게 직접 말하는 것처럼 서사적으로 표현했다.

    나는 농업 브랜드라면 저렴하게 만든 로고 하나보다 고심해서 만든 슬로건이 더 주요할 수 있다고 생각한다. 하지만 대부분의 농업 브랜드는 슬로건 없이 평범한 로고에 집중한다. 지금부터라도 자신의 철학과 가고자 하는 방향을 고민해 보고 짧은 글귀로 표현해 보면 어떨까? 그 짧은 문구가 브랜드에 생명력을 불어넣을지도 모른다.

소비자들이 지어 준 이름, '기토'

—

"'기토'가 뭐예요?"

"'기토'는…, 아 말하자면 좀 긴데요….'"

　초기에는 저 질문에 대답을 하는 데 많은 시간이 필요했다. 사업 초반에 브랜드 전략을 수립하고 농장 이름을 지은 지 한참이 지난 후에도 토마토라는 상품에 대한 고민은 쉽게 해결되지 않았다. 'OOO 토마토'라는 단어가 주는 느낌이 너무 식상할 것 같았기 때문이다. 그래서 나는 토마토의 네이밍을 나 혼자 하기보다는 소비자들을 참여시켜 보기로 했다. 워크숍을 통해 진행할 수도 있겠지만, 자본도 인력도 없었기에 우선 고객들의 후기와 고객 응대 중 들었던 내용을 바탕으로 차근차근 자

료를 만들었다. 그렇게 모은 자료에서 고려해야 할 요소들을
빠짐없이 나열한 후 공통분모를 찾는 방법을 적용했다.

"한 2주는 기다리고 기다려야 받아요."

"기가 막혀요. 맛이 기가 찹니다. 아주 기똥차요."

"기차게 잘 자랐네요. 기운이 좋은가 봐요"

"땅이 엄청 기름진가 봐요."

"이거 토마토가 아니라 기적이네, 기적."

"매일 먹는 토마토인데 기묘하게 다르네, 식감이."

"향이 기가 막히는구먼."

"너무 먹고 싶은데 언제까지 기다려야 하는 거예요?"

　고객들이 토마토를 드시고 하시는 말씀을 가만히 들여다보
니 반복되는 내용이 있었다. 눈에 걸리는 단어를 찾아 뽑아낸
단어 '기'. 거기에 토마토의 '토'를 축약해서 붙였다. '기토'라는
이름이 탄생하는 순간이다.

　소비자들의 다양한 반응을 녹여낸 덕분에 '기토'는 다양하게
해석될 수 있다. 덕분에 고객들은 본인이 편한 대로 생각하면서
'기토'를 부른다. 이띤 분은 '기막힌 토마토', 어떤 분은 '기다려

야 먹는 토마토', 어떤 분은 '기적의 토마토' 등 소비자 저마다의 '기토'로 불러 주셨다. 애초에 한 가지 의미에 국한되는 게 싫어서 다양성을 목표로 세운 네이밍 전략이었다. 반응형 웹서비스처럼 보는 사람마다 자신의 관점에서 해석하는 구조를 만들고자 했다. 그러다 보니 내포하고 있는 의미가 많아 한 단어로 설명하기가 어렵다는 단점이 있지만, 그만큼 소비자들과 커뮤니케이션을 할 소재로 지금도 충분히 역량을 발휘하고 있다.

기발한 기술로

기름진 토양에서

기차게 잘 자란

기묘한 식감과

기막힌 향을 가진

기똥찬 맛

기다리고 기다려야 맛볼 수 있는

기적의 토마토

'기토'

기특한 가격으로 드립니다.

모든 것을 만족하는 단어를 찾기란 쉽지 않다. 대신 부족한 부분은 지속적인 커뮤니케이션으로 메워 나가면 된다. '기토'라는 이름이 누군가에겐 특별히 매력적이지도 기억에 남지도 않을 수 있다. 하지만 내가 세운 브랜드 전략에선 대부분 만족했다.

　"우리 집 애들은 그냥 토마토는 안 먹고 '기토'만 먹어요."
　"'기토'가 새로 나온 토마토 품종인가요?"
　"시중에 토마토는 널렸는데 '기토'가 없어요."

　이렇게 '기토'는 차근차근 확실한 구분점이 되어 주고 있다. 부르기 쉽고 다른 토마토들과 구별이 되고 있다. 거기에 소비자들이 참여한 브랜드라는 의미 부여까지 성공했다. '기토'는 이렇게 함께 만들어 가는 이름이다.

프리미엄 라인, '그래도팜 땅의 기록'

—

"명작 곶감 고급 선물 세트 2호."

"명품 한과 4호 선물 세트."

"프리미엄 명품 3호 견과 선물 세트."

　명절을 맞이하면 다양한 선물 세트들이 시장에 보인다. 선물 세트 이름에는 온갖 수식어가 다 붙었지만, 명품답지도 고급스럽지도 않다. 게다가 1호, 2호, 3호 이렇게 번호까지 매겨졌으니 사는 사람의 기분마저 유쾌할 리 없다. 받는 사람이 느낄 기분이나 주는 사람의 정성은 어디에도 반영이 돼 있지 않다. 내용물만 비싸면 그만인 것이다.

"작은 올케가 선물로 보내 줘서 먹었는데 너무 맛있어서 저도 지인들에게 선물 좀 하려고요."

"아는 교수님께 선물을 받았는데 스토리도 좋고 물건이 좋아서 저도 귀한 분들께 선물을 하려고 합니다."

우리 농장의 토마토가 전달되는 방법을 살펴보니 상당수가 선물 형태로 소비자의 손에 도착하고 있었다. 많은 사람들에게 최대한 저렴하게 전달하기 위해 기본 판매 상품만을 고집했는데, 소비자들의 후기를 확인하면서 좀 더 마음을 표현할 수 있는 선물 상품을 선보이면 좋겠다는 생각을 했다. 그렇게 해서 선물 상품을 개발하기 위한 고민이 시작됐다.

선물은 존경, 친근감, 애정, 감사의 뜻을 담아야 한다. 단순 전달이 아닌 선사해야 한다. 그래도팜의 토마토를 선물하는 사람은 어떤 것을 전하고 싶은 것일까에 집중했다. 집들이 때 화장지를 주는 이유는 술술 풀리라는 의미이고, 수험생에게 엿을 주는 까닭은 철썩 붙으라는 뜻이다. 선물은 매개물이 되어 눈에 보이지 않는 마음을 전달한다. 주는 사람이 애쓰며 보낸 고민의 시간을 느끼기 때문이다. 우리 농장의 토마토를 선물한 사람은 받을 사람이 맛있게 먹는 깃도 바라지만 우리 농장의 핵심 가치를 전달하고자 하는 것이 아닐까?

'타협하지 않고 지켜 낸 결실'

우리 농장의 슬로건이자 핵심 가치인 저 내용을 선물 받는 사람에게 전달하면 보다 큰 선물이 되지 않을까? 그래서 타협하지 않고 결실을 만들기 위해 한 해 한 해 기록한 결과물이라는 의미를 담고자 했다. 그렇게 '그래도팜 한 해의 기록'이라는 네이밍으로 1차 네이밍을 완료했다. 어떻게 보면 흔한 토마토이지만, 그 토마토 한 알에 우리 농장의 역사와 한 해 동안의 해와 물, 땀과 정성 그리고 수십 년간 만들어 온 땅의 가치가 다 기록되어 있는 셈이었기에 지은 이름이었다. 그런데 패키지 디자인 작업을 맡아서 진행해 주신 디자이너께서 의미 있는 질문을 던졌다.

"햇빛이나 물, 땀, 정성은 어느 농장에나 다 있는 게 아닌가 싶어요. 그래도팜만의 특징이라면 수십 년간 만들어 온 땅인데, 그 땅만 강조하는 게 오히려 더 낫지 않을까요?"

그렇게 최종적으로 도출된 프리미엄 라인의 이름은 '그래도 팜 땅의 기록'이다. 이 선물을 통해 선물을 준 사람과 받은 사람이 단순히 우연히 발견한 맛있는 토마토가 아닌 '타협하지 않고 지켜 낸 결실'이 주는 의미를 주고받았으면 하는 마음이다.

제 5 부

구분 짓다 differentiation

깰 수 없는 원칙이 차별화를 이룬다.

"직거래 초반 토마토 작기가 끝나고 나면

왜 벌써 끝났냐며 좀 더 기르지

아쉽다고 아우성치던 고객들이

이제는 온데간데없다.

다들 다음 작기를 기다린다.

그 기다림은 오히려 매력이 됐다."

나만의 기준이 만든 차별화

—

"벌써 끝났어요? 할 수 없이 다른 데서 사야겠네. 1년 내내 판매하면 좋을 텐데."

"토마토 말고 다른 작물은 안 하시나요?"

농장의 토마토가 품질 좋기로 유명해시사 새로 농장을 알게 된 분들께 자주 듣는 질문이다.

우리는 어느덧 대형 마트 문화에 매우 익숙해졌다. 카트 하나를 끌고, 없는 게 없는 넓고 쾌적한 공간을 유랑하듯 떠돌다 보면 한겨울에도 수박, 참외를 손쉽게 살 수 있다. 가는 곳마다 농산물이 공산품처럼 잔뜩 쌓여 있다. 농산물이 맞나 싶을 정도로 그기와 형태도 일징하나. ㄱ 속에서 손만 뻗으면 내가 원하는 농산물을 언제든지 원하는 만큼 구할 수 있다.

우리 농장은 1년에 두 번 토마토를 심어 판매하는데 한 작기에 넉 달은 기르기만 하고 두 달 가량 수확해서 판매한다. 그렇게 6개월씩 두 번의 작기 동안 농사짓다 보니 일은 1년 내내 하지만 판매 기간은 생각처럼 길지 않다. 부모님이 직거래를 처음 시작하셨을 당시 이 부분이 가장 고심이 됐다고 하신다. 2개월을 팔고 나면 그 기간의 두 배나 되는 4개월은 토마토를 팔지 못하는데 겨우 만든 손님들이 다른 곳으로 가 버리는 게 아닌가 조바심이 나신 것이다. 하지만 오히려 그 기간 동안 시중의 다른 토마토를 맛본 고객들은 충성 고객이 되어 돌아왔다. 우리 토마토 맛에 더 확신을 갖게 된 것이다.

고객들과 대화를 나누면 다품종을 원하고 1년 내내 생산되는 농산물을 원하는 듯 보였다. 하지만 자신만의 강점이 명확하다면 이 요구에 집중할 필요가 없다는 결론을 내렸다. 좋은 물건은 오히려 기다리며 아쉬운 마음이 생겼을 때 더 갖고 싶은 법이다.

"이 집은 식빵만 만드는 집인데, 식빵 맛이 기가 막혀 줄 서서 산다니까!"

지금은 전문점 시대다. 모든 빵이 다 있는 빵집보다 식빵 전문점, 마카롱 전문점, 크루아상 전문점이 먹힌다. 메뉴가 넘쳐나는 식당보다 하나를 잘하는 전문점이 성공한다. 이 전문점들은 고객의 요구와 취향에 맞추려 억지로 상품을 늘리고 생산량을 무리하게 확대하지 않는다. 잘하는 것 하나에 고도로 집중한다. 여러 가지를 잘하려는 사람은 사실 아무것도 잘하지 못한다.

농장도 마찬가지다. 키우는 작물이 다양하고 연중 생산이 가능하다고 해서 차별화가 아니다. 중요한 것 하나에 집중할 수 있어야 제대로 포지셔닝을 할 수 있다. 그 하나로 차별화가 시작된다. 대신 하나를 아주 잘해야 한다. 나는 그렇게 생각한다.

"일주일에 사흘만 영업하고 다 팔리면 그걸로 그날 영업은 바로 끝이래요."

요즘 이런 가게를 종종 본다. 큰마음 먹고 방문한 사람이야 아쉬움이 크겠지만 그 아쉬움마저도 결국 긍정적으로 작용한다. 이처럼 고객을 생산자의 스케줄 안에 들어오도록 해야 하지 않을까! 사신반의 원칙과 기순을 정하고, 지키기 어려운 상황에서도 그 원칙을 지켜낼 때 비로소 차별화가 된다. 직거래 초반 토마토 작기가 끝나면 왜 벌써 끝났냐며 아쉽다고 아우성치던 고객들이 이제는 온데간데없다. 다들 다음 작기를 기다린다. 그 기다림은 오히려 매력이 됐다.

연애를 좀 해 본 사람들은 알 것이다. 하염없이 상대방에게 맞춰주기만 하는 이성은 매력이 없다. 자신을 사랑하고 스스로가 정한 원칙과 기준대로 살아가는 사람이 매력적이다. 브랜드도 마찬가지다. 매력적이려면 스스로에게 집중해야 한다.

토마토가 거기서 거기지

—

어린 시절 나는 토마토를 잘 먹지 않았다. 먹으면 왠지 혓바늘이 돋을 것만 같은 기분 나쁜 느낌이 들었고 결정적으로 맛이 없었다. 어쩔 수 없이 먹어야 할 때는 무조건 설탕을 뿌려서 냉장고에 30분 정도 두었다가 먹었다. 그릇에 고여 있는 설탕물을 애지중지하면서 말이다. 토마토를 들고 '마르쉐@' 장터에 나가면 꼭 어린 시절 나와 같은 경험을 한 손님들이 등장한다.

"토마토 한번 드셔 보세요."
"저는 어려서부터 토마토는 못 먹어요."
"토마토는 좀….".

그들의 기억 속 토마토는 내가 경험한 토마토와 별반 차이가 없을 것이다. 하지만 나는 끈질기게 매달린다.

"속는 셈 치고 맛이나 한번 보세요."

고달픈 과정이지만 이렇게 해서 후천적으로 토마토를 먹게 된 사람들이 한둘이 아니다. 물론 나는 토마토를 팔아야 하는 사람이니 권하는 것이지만, 맛없는 토마토로 첫경험을 한 사람들에게 측은한 감정이 생겨서 권하는 경우가 더 많다. 이렇게 맛있는 열매를 나만 알고 있기에는 죄를 짓는 기분이라고나 할까?

그렇다면 왜 토마토 맛에 차이가 날까? 그저 내가 정성껏 키운 토마토이니 맛있다고 말할 수 있다. 농장의 아들이니 당연히 그렇게 할 수 있다. 하지만 내 혀는 거부할 것이다.

"토마토가 사람으로 치면 반찬 없이 밥만 먹었기 때문이지."

아버지는 기계, 화학, 전기 등을 배운 적이 없지만, 농사를 짓다 보니 다양한 분야의 전문가가 되셨다. 생물학도 마찬가지다.

사실 이렇게 과학 전 분야의 지식이 필요한 업종도 드물다. 늦깎이로 다시 공부를 하다 보니 이럴 줄 알았으면 학창 시절에 과학을 열심히 공부할 걸 그랬다는 후회가 밀려온다.

식물의 기관을 구성하거나 에너지 대사에 필요한 필수 원소들을 제하더라도, 단백질 합성이나 광합성 호흡에 필요한 미량 요소까지 합하면 필수 원소가 17가지다. 그 원소들만 충족이 되면 토마토는 모양을 갖춰 자랄 수 있다.

하지만 사람도 밥만 먹고 살 수 없듯이 식물도 밥 외에 반찬이 필요하다. 대표적인 게 아미노산이나 미량 요소들인데, 이 것들이 식물에 주는 영향이 상당히 크다. 필수 아미노산 외에도 글리신이나 알라닌, 아르기닌, 세린, 플로린, 시스틴, 스레오닌 등의 아미노산과 다양한 미량 요소들이 식물체의 향이나 감칠맛, 산뜻한 맛에 영향을 수고 항균력과 내한력을 올려 저장성을 높인다. 그런데 이것들은 화학 비료가 범벅인 곳에서는 자취를 감춘다. 그래서 유기 농산물이 상대적으로 맛이 산뜻하고 향이 좋으며, 색도 좋고 오래 두면 썩지 않고 시드는 것이다.

"플로리다 대학의 원예과학 교수인 해리 클리Harry j. klee 교수의 연구 결과에 의하면, 토마토 맛의 차이를 확인하기 위해

약 100종의 토마토 품종을 검사해서 400여 개의 유전 정보를 분석했는데 토마토의 풍미를 결정하는 13가지의 핵심적인 휘발성 화합물을 발견했고, 대부분의 현대 토마토에선 그 요소가 상실되어 있었다. 또한 단맛과 신맛 외에도 25가지 이상의 아로마 화합물이 있는데, 그것이 토마토다운 맛을 내는 데 결정적인 역할을 한다."

-〈매거진 F〉 vol.4 토마토 편

비료 농법이 널리 퍼지기 전에 땅에서 미량 요소들을 충분히 먹고 자란 식물을 맛본 어른들은 간혹 우리 농장의 토마토를 맛보시곤 추억에 잠기며 이렇게 말씀을 하신다.

"옛날 토마토 맛이네. 딱 어린 시절 맛봤던 그 맛이야."
"왜 요즘은 이런 토마토가 없나 몰라."

아버지는 늘 유기농이 맛있다는 말을 강조하신다. 하지만 이는 농사꾼이 애지중지 키운 자식 같은 농산물이라 가장 맛있다는 의미가 아니다. 농사를 통해 수익만 올릴 생각을 하면 효율성을 따질 수밖에 없고 토마토를 많이 길러서 파는 게 최고다.

토마토의 형태만 만들어 내면 그만이다. 토마토 본연의 맛을 위해 땅을 만들고 땅속 생태계를 유지해서 토마토의 '반찬'까지 챙길 이유가 없다.

그렇게 생산량에만 목을 매고 밥만 주며 키운 토마토는 네 맛도 내 맛도 아닌 그저 모양만 토마토가 될 뿐이다. 단맛도 신맛도 아무 맛도 없다. 사람들은 원래 토마토가 그런 맛이라고 생각하고 토마토를 자신이 싫어하는 채소로 분류한다. 아이들은 토마토가 나오면 마치 꽝이 나온 뽑기처럼 실망하고 어른들도 단지 건강에 좋다는 자기 암시 속에 토마토를 억지로 입에 밀어 넣을 뿐이다.

상황이 이런데도 유통업자들이나 기관 관계자들은 이렇게 말한다.

"맛은 객관화할 수 없는 지표입니다. 저마다 선호하는 것과 느끼는 정도가 다르니까요."

"대한민국의 농업 기술은 이제 상향 평준화가 되어 품질로는 승부할 수 없습니다."

제대로 된 토마토를 맛보았다면 이런 말은 쉽게 못했을 것이다. 결국 농업 브랜드의 가장 큰 차별화는 품질인데 참 안타까운 현실이다.

22만 원짜리 멜론

—

"여보! 이 멜론 좀 봐."

"한 개에 2만 2,680원? 조금 비싸네."

"아니 잘 봐봐. 2만 2,680엔이잖아."

"와! 그럼 22만 원? 이거 팔리긴 할까?"

　얼마 전 아내와 함께 도쿄에 갔을 때 일이다. 긴자에 위치한 과일 전문점 센비키야千疋屋에선 신선한 제철 과일들을 놀랄 만큼 비싼 가격에 판매하고 있었다. 처음 이 매장에 들어섰을 때 붙어 있는 가격표를 보고 놀라지 않을 수 없었다. 세상에! 멜론 한 덩이에 22만 원이라니! 나 역시 농사를 짓고 있지만 어떻게 서런 판매가가 나올 수 있는지 의심부디 들었다. 국내에도 몇몇 고급 백화점 식품 코너에 명품 농산물이라는 타이틀을 달고 고가 판매 전략을 펼치는 과일들이 있긴 하지만, 그런 곳과 비교해도 가격이 너무 높게 책정돼 있었다. '과일 맛이 얼마나 다르다고 가격 차이가 그렇게 날까?' 하는 물음이 머릿속에 맴돌면서도 혹시 저 값을 받을 만큼의 타당한 이유가 있지 않을까 하는 기대감이 생겼다. 2층에 올라가 멜론 디저트를 주문해 놓고 센비키야에 관한 자료를 찾아보기 시작했다.

센비키야는 1834년 창립 이래 수많은 위기를 거쳐 2019년 현재 기준으로 185년이나 살아남은 가게였다. 그만큼의 세월을 지켜 온 건 우연이 아닌 그들만의 무기가 있었기에 가능했을 것이다. 역시 품질이었다. 센비키야에서 가장 놀랐던 멜론의 경우, 경영진들이 수시로 농가를 직접 방문하고 회사 내에 모양과 소리만으로도 품질을 알 정도로 유능한 과일 전문가들이 직접 품질 관리를 하고 있다. 또한 경매장에서 최고의 과일만 선택하는데, 이 때문에 판매망을 무한정 늘릴 수 없는 구조였다. 이를 통해 자연스럽게 희소성까지 동반한다.

센비키야의 품질 관리를 접한 후 농부로서 한편으론 안도감이 들었다. 품질에서 시작된 경쟁력과 제한 없는 가격 결정. 농산물이라고 해서 왜 그동안 예외였는지 나부터 생각을 바로잡는 계기가 됐다. 미술품 경매를 할 때 사람들은 그림에 쓰인 물 감의 양이나 캔버스의 크기로 가격을 판단하지 않는다. 물질 혹은 물성物性이 아닌 가치로서 판단하기 때문이다. 몇 년 전 일본에서 농산물 경매를 통해 포도 한 송이가 925만 원에 팔렸다는 기사를 본 적이 있다. 극단적인 예일 수도 있겠지만, 농산물도 품고 있는 가치에 근거해서 가격이 결정될 수 있다는 사실을 엿보기에 부족함이 없었다. 농산물과 농업인에게 저렴한 잣대를 들이대는 지금의 판에서는 더욱 그러하다.

직거래 판매가 늘었다고는 하지만 우리나라 농산물 유통의 상당 부분은 아직도 공영 도매 시장이 주도하는 경매 제도를 통해 소화되고 있다. 공영 도매 시장은 가락시장처럼 중앙 및 지방 정부가 투자해서 지방 자치 단체가 개설한 농산물 도매 거래 시장이다. 그래서 우리나라 농산물 가격은 물가 안정이라는 목표를 지닌 정부의 입김을 벗어나기 어렵다. '이 농산물은 이 정도 가격이 적당하다'는 암묵적인 합의를 크게 웃도는 경우가 거의 없다.

경매는 제한 없는 경쟁이 핵심인데, 우리나라에선 품질과 경쟁보다는 당일 수요와 공급에 따른 시장 상황에 따라 가격이 결정된다. 해당 품목의 양이 당일 수요량보나 소금만 많아노

전체 가격이 폭락한다. 반대로 수요보다 공급이 적으면 가격이 오르기는 하지만, 이마저도 전체 평균가를 따져 보면 형편없는 수준이다. 물론 경매 제도는 가격 결정 과정이 투명하다는 장점이 있다. 하지만 결과적으로 대부분의 경매 결과는 이런 이유에서 생산자들이 만족할 만한 수준이 되긴 힘들다.

어느 날 아버지를 따라 가락시장에 갔다가 1등과 꼴등의 경매가가 큰 차이가 없는 걸 목도한 적이 있다. 품목마다 차등이 있겠지만 평균 2만 1,538원짜리 50개짜리 특상품으로 분류된 백다다기 오이의 최고가가 2만 2,500원, 최저가는 2만 500원 정도였다. 이 상황을 지켜보며 아버지와 이야기를 나눴다.

"경매 제도라면서 1등과 꼴등 가격 차이가 왜 이것밖에 안 나요?"

"작목반 농촌에서 조직을 5인 이상으로 구성해 공동 생산 및 공동 출하를 하여 농촌의 소득을 높이기 위해 농협이 주관하여 만든 조직에서 자기네 물건 값이 함께 출하한 다른 농장에 비해 터무니없이 낮으면, 저 도매상에는 물건을 주지 않겠다고 생떼를 써. 도매상들 쪽에선 어차피 생산자를 잃으면 손해가 더 크니 평균치에서 조금 차이를 줘서 불평을 덜하도록 큰 차이 없이 가격을 주는 거야. 총 지불 비용은 비슷하니까."

"그럼 구태여 잘할 필요가 없는 거네요?"

"그래서 무게나 많이 나가고 양이나 많으면 된다고 생각하는 거지."

그것이 크기나 키우면 그만인 화학 비료 농법이 정착하기 쉬운 이유이기도 했다. 정작 농민들이 스스로의 이익을 해치는 결과를 만들고 있었던 셈이다. 크기와 색깔, 무게 등 외형에 함몰된 선별 방식은 전체 농산물의 품질 저하를 가져왔고, 농업인들이 품질을 높이려는 노력을 의미 없게 만들었다. 소비자들은 인정하지 않는 우리들만의 리그인 셈이다.

현재 대도시 마트에 진열된 농산물은 생산자만 다를 뿐 그 재배 방식이나 품질 면에서는 큰 차이가 없다. 경쟁력 상실로 침체되고 있는 공영 도매 시장의 활로를 찾기 위해 생산자에게는 제값을 보장하고 소비자들이 원하는 품질에 맞게 경쟁할 수 있는 거래 제도 개혁이 필요한 이유다. 농민들 또한 품질 기준을 소비자 요구에 맞추고, 소비자들이 가치의 차이를 느낄 수 있게 노력을 기울여야 한다.

이런 이유로 우리 농정은 시름깃 시상 가격과 상관없이 우리가 생산한 가치만큼 가격을 정해서 팔고 있다. 다 못 팔면 땅에 묻어 다음해 농사에 도움이 되게 하는 한이 있더라도 원칙을 깨지 않았다. 우리 스스로 물건값을 정하지 못한다면 우리가 만들고자 하는 가치를 유지하지 못하기 때문이다.

"시장 가격은 이렇던데, 왜 여긴 이래요?"
"계속해서 가치 있게 만들려면 저희가 투자한 만큼은 받아야 해서 그렇습니다."

가격 정찰제 시행 후 초반에는 시장 가격보다 쌀 때나 비쌀 때나 항상 저 말을 들었다. 하지만 이제는 1년 내내 같은 가격이 우리 농장을 다른 농장과 구별 짓는 요소가 됐다. 농업에서 당연한 시장 가격이란 말이 없어져야 한다. 펜 한 자루도 100원짜리가 있고 100만 원짜리가 있다.

그래도팜의 톤 앤 매너

—

브랜드에서 시각 요소는 상당히 중요하다. 일반 소비자들은 그 요소들이 브랜드의 전부라고 느끼기도 한다. 그렇기 때문에 브랜드의 시각 요소를 설계할 때 브랜드의 컬러, 폰트, 이미지 등을 브랜드 철학과 같은 목소리로 일정하게 메시지를 전달할 필요가 있다. 이러한 분위기를 갖추는 행위를 '톤 앤 매너tone & manner'를 맞춘다고 이야기한다. 그래도팜이 정립한 브랜드의 톤 앤 매너는 아래와 같다.

'문체부 바탕체'

요즘은 흔해졌지만 몇 년 전만 해도 명조체를 브랜드의 톤 앤 매너로 설정하는 경우는 드물었다. 더군다나 그래도팜의 서체는 그중에서도 자칫 고리타분해 보일 수 있는 '문체부 바탕체'다. 이 서체는 요즘 많이 사용되는 명조체들보다는 덜 다듬어진 느낌이지만 좀 더 서정적이고 고결한 인상이다. 문학으로 치면 수필에 어울린다. 대기업처럼 꽉 짜여진 시스템 속에서는 용납되지 않는 자유로움과 일정 부분의 고집스러움이 서체를 통해서 표현된다.

'편안한 아이보리 계열의 배경색과 모노톤monotone 이미지'

세상에는 아주 다양한 색들이 있다. 화려하고 멋진 색들이 넘쳐난다. 하지만 우리 농장의 색은 오히려 담담한 색이 어울린다고 판단했다. 소비자에게 전달하려는 우리 농장의 가치관과 맞닿아 있기 때문이다. 화려하진 않지만 담백하고 밀도가 높은 아이보리 색과 묵묵히 지켜낸 세월을 담은 모노톤. 다수에게 화려하게 알려지기보다는 스스로에게 집중하는 곳임을 나타내고자 했다. 스스로에게는 철저하지만 타인에게 편안함을 선사하자는 메시지를 담기 위해 모노톤 세밀화를 아이보리 배경 위에 담았다.

'블랙, 크라프트, 그 위에 금박'

어렵게 지켜낸 가치를 강화하며 과거의 것에 새로운 결을 더하는 것. 그래도팜 프리미엄 라인의 톤 앤 매너이다. 우리 농장의 강점인 땅에 집중했다. 유기물이 풍부하고 살아 있는 땅은 검은빛이 난다. 이 검은빛과 자연스럽게 어울리는 크라프트. 그 위에 검은빛 땅에서 금보다 귀하게 지켜 낸 가치를 녹였다. 보통 농산물 브랜드의 경우, 색이 죽어 보이면 농산물 상태가 좋아 보이지 않는다는 이유로 검은색을 잘 쓰지 않는다. 하지만 품질이 좋은 상품은 검은빛이어도 크게 지장이 없다. 그렇기 때문에 오히려 다른 농장과 차별화하기에도 좋은 선택지였다.

대부분의 농업 브랜드들은 상품을 화려하게 보여주려고만 한다. 휘황찬란한 색을 쓰고 폰트도 무조건 크게 넣는다. 작물이 가진 고유색과 이미지를 무조건 채택하여 도배한다. 이런 톤 앤 매너는 시중에 널려 있다. 그래서 쉽게 질린다. 더군다나 시장에서 차별화도 되지 않고, 그 농장의 철학도 느껴지지 않는다. 덕분에 덤덤하게 표현하고자 한 우리 브랜드가 오히려 더 세련돼 보이기까지 했다. 농업 브랜드나 농산물 포장이라고 해서 꼭 정해진 법칙이 있는 게 아니다. 이제부터라도 농장 고유의 철학을 담을 수 있는 톤 앤 매너를 고민해 보는 건 어떨까?

결국 한 끗 차이

—

일본에 여행을 가면 밑도 끝도 없는 세심함에 놀랄 때가 있다. 온천욕을 하러 들어가면 면도기와 함께 혹시 모를 상처를 대비한 밴드가 동봉되어 있다. 츠타야 서점에 가면 책 바구니 하단에 쿠션이 깔려 있다. 책을 판매를 위한 상품으로만 보는 게 아니라 작품으로 여기는 그들의 마음이 담겨 있다. 이처럼 고객을 생각하는 마음과 자신들의 상품을 위해 고민한 흔적이 여기저기서 드러난다. 결국 더 나은 서비스와 상품을 위한 고민의 결과가 섬세함이다. 고수와 초보의 차이는 이 작은 것에서 결정이 난다.

　"노바노 가 쉬레 가 뇌어 왔네요."

6월 말경, 봄 작기의 후반부가 되면 고객들의 구매 후기에 문제가 조금씩 나타나기 시작한다. 고온이나 가습으로 인해 습기에 약한 토마토가 택배 과정에서 문제가 생기는 것이다. 우리가 토마토를 퓌레로 만들어 보낼 리는 없겠지만 고객이 그렇게 받았다면 그 문제는 우리가 해결해야 한다. 결국 마무리를 세심하게 챙겨야 브랜드가 완성된다. 아무리 좋은 상품을 만들어도 배송 후에 나 몰라라 하는 마음이면 고객에게 그 브랜드는 결코 '좋은 브랜드'가 될 수 없다. 토마토를 받은 고객이 느끼는 감정까지도 잡아내는 게 브랜드의 역할이다.

이 문제를 해결하기 위해 바쁜 수확철임에도 다양한 연구를 진행했다. 여러 택배 회사를 이용해서 동시에 물건을 보내거나, 같은 택배 회사에서도 다른 형태의 박스를 사용해서 토마토를 동 시간대에 보내며 도착 상태를 확인했다.

"한곳으로 물건을 부쳐 테스트해 보니 우체국 택배가 가장 상품 상태가 양호하네요."

"스티로폼 박스보다 종이 박스에 은박 코팅을 한 박스가 습기가 더 많아요."

연구를 토대로 토마토 농장들이 잘 사용하지 않았던 스티로 폼 박스를 도입했다. 또 6월 25일 이후에 토마토가 터지는 현상이 심해진다는 것을 알게 되어 다음 봄 작기부터는 6월 25일 이후에는 출하하지 않기로 했다.

지금도 유통 과정에서의 단점을 극복하기 위해 다양한 방법을 연구 중이다. 소비자들은 사전 지식이 없다. 우리가 당연시하는 것들을 소비자들은 알 길이 없다. 그 내용을 어떻게 하면 효과적으로 전달할 수 있을지도 풀어야 할 문제다.

"종이가 다 젖어서 왔어요. 읽어 보고 싶긴 했는데 그냥 버렸어요."

배송 테스트 도중 광고지가 젖는다는 후기를 확인하고 광고지를 전량 비닐로 포장하기로 했다. 젖은 종이를 받는 이의 감정이 좋을 리 없을 뿐더러 젖은 광고지를 말려서 읽을 사람이 없기 때문이다.

바쁜 농사철에 고객이 받을 상품의 상태 하나하나를 신경 쓴다는 게 쉬운 일은 아니다. 하지만 마지막까지 챙기는 사소한 차이에서 결국 브랜드의 성패는 갈린다. 결국 한 끗 차이다.

제 6 부

관계 짓다 relationships

고객, 연구 기관, 정부, 요리사와 관계를 짓는 법:
함께하는 유익한 경험이 브랜드를 확장한다.

"나는 댄 바버의 책 한 권을 읽고

온전한 유기농을 위해서는 농부들 외에

요리사들도 중요한 역할을 한다는 것을 깨달았다.

요리사들의 맛에 대한 갈망이 있어야만

최고의 맛을 위한 식재료를 생산할

필요가 생기기 때문이다."

내가 잡지를 사랑하는 이유

—

"안녕하세요. 신문을 보고 연락드리는데요."

브랜드 가치가 조금씩 드러나자 그래도팜이 세상에 알려지기 시작했다. 자연스럽게 사람들의 관심을 받았다. 몇몇 신문의 인터뷰에 응하고 나니 방송국에서도 연락이 왔다. 브랜드 개발 초기에는 대중 매체를 통해 불특정 다수에게 빠르게 노출되는 것이 브랜드 인지도 향상에 상당히 좋은 방법이라고 판단했다. 그래서 우연히 들어온 방송국 작가의 방송 출연 섭외에 복권 당첨이라도 된 것 마냥 기뻐하며 응했다.

첫 방송은 이틀을 촬영하고도 겨우 7분여 동안만 방영이 됐는데, PD에 세 속은 듯한 느낌도 들고, 촬영 의도와는 다른 맥

락으로 전달된 것 같아 약간의 회의감이 들었다. 그래도 그 짧은 방송으로도 많은 사람들이 우리를 알아봐 주는 게 기쁘고 신기했다. 덕분에 잘 연락하지 않던 지인들과 안부 인사를 나누는 호사도 누렸다.

그런 이유로 몇 번 더 방송 출연에 응했는데 이게 꼭 좋지만은 않았다. 촬영하는 날은 농장 일을 할 수 없었다. 촬영을 위해 작물들이 있는 여기저기를 여러 사람들이 들쑤시고 다니는 통에 직간접적으로 농장에 적지 않은 손해를 끼쳤다. 방송을 보고 연락을 준 사람들을 일일이 응대해야 하는 상황도 벌어졌다. 관심은 매우 감사했지만, 늘 일손이 부족한 우리 농장 여건상 한편으로는 부담이 됐다.

"안녕하세요. 방송을 보고 연락드리는데요."

이렇게 말을 꺼내는 사람 대부분이 도움의 손길을 바라는 분이거나 고향에 돌아왔으면 열심히 농사나 지으라며 훈계하시는 분, 또는 맛을 보고 싶으니 토마토를 무료로 보내달라는 분들이었다. 나름의 사정이 있어서 전화를 주셨겠지만, 생면부지의 사람들에게 생각지도 못한 이야기를 들으니 스트레스가 이

만저만이 아니었다. 방송이 나가면 한동안은 이런 방송 후유증
이 지속됐다.

"안녕하세요. 잡지를 보고 연락드리는데요."

그러나 잡지 인터뷰를 보고 연락을 주신 분들은 태도가 사뭇
달랐다. 우리 브랜드에 대한 이해도가 높았고 취향이 있는 사
람들이었다.

곰곰이 생각해 보니 그럴 만도 했다. 아무 생각 없이 포털 사
이트 메인 화면이나 SNS를 훑어보다가 나도 모르게 상상도 못
했던 물건을 구매하거나 굳이 알 필요도 없는 정보를 읽을 때가
있다. 스스로 각성하기도 전에 정보의 홍수에 휩쓸려 생기는 일
이다. 하지만 이렇게 정보가 흔해지고 넘칠수록 고급 정보에 대
한 갈증은 더 커진다.

잡지의 가장 큰 매력은 바로 이런 고급 정보를 고도로 훈련된
에디터들이 자신의 시각과 해석을 담아 정성껏 전달하는 데 있
다. 또한 소장하여 언제든지 곱씹어 볼 수 있다. 나만의 고급 정
보 꾸러미인 셈이다. 하지만 정보를 유료로 구매해야 하고 온
라인에서 떠도는 정보들과 다르게 구매 후에도 내가 시간을 들

여 찾아 읽어야 한다. 다른 매체들과는 전혀 다른 노력이 요구되는 것이다.

수고로운 과정을 거쳐야 하지만 한 시간 동안 인터넷 검색을 통해 손에 넣는 정보와 전문 잡지를 한 시간 동안 읽어서 얻은 콘텐츠의 양과 질은 비교가 되지 않는다. 돈은 지불하지만 쓸데없는 정보에 시간을 뺏기지 않고 내가 원하는 콘텐츠를 확보하여 시간을 아낀다는 점에서 어찌 보면 잡지를 읽는 행위는 돈을 버는 일이다. 한편으로는 남들과 다른 자신만의 취향이 있다는 것을 의미하기도 한다.

콘텐츠가 넘치는 시대에 잡지의 주관 있는 콘텐츠. 농산물이 넘치는 시대에 살아남은 우리 농장의 농산물. 아무리 생각해도 결이 같아 보였다. 느리지만 그 잡지들을 통해 우리의 정보를 찾는 사람들이 곱씹어 봤으면 했다. 우리는 그래도팜의 주된 미디어 무기로 잡지를 선택했다.

브랜드 인지도 향상과 브랜드 영향력을 높이는 과정에서 미디어 노출은 상당히 강력한 무기다. 하지만 전투에서도 자신에게 맞는 무기가 있는 법이다. 세계 최고의 용병이라는 네팔의 구르카 용병의 무기는 '쿠크리'로 불리는 단검이다. 칼의 무게가 날 끝에 오도록 계산되어 살상력은 높지만 근력이 많이 필요하지 않다. 그들에게 단검이 아닌 활을 들게 했으면 어땠을까? 아마 지금의 명성을 얻지 못했을 수도 있다. 브랜드의 가치를 이해해 줄 사람들이 필요하다면 잡지를 읽는 사람을 잡는 건 어떨까?

골든 트라이앵글

—

"박사들이 뭘 알겠어? 맨날 책상 앞에만 앉아 있는데."

"농민들은 과학 지식이 얕아요. 감에만 의존하는 경향이 강하죠."

대한민국 농업 현장에 몇 년간 몸담으며 농민과 연구자 사이에 아직도 큰 벽이 있다는 것을 느꼈다. 물론 긴밀한 관계 구축으로 좋은 결과물을 내놓는 농민-연구자 그룹이 있긴 하지만, 대다수의 농민과 연구자는 친하지 않다. 농민들은 박사들이 현장 경험이 없다며 불신하고, 연구자들은 농민들이 과학 지식 없이 감에만 의존한다며 아쉬워한다.

최근에 네덜란드 농업 현장을 방문할 기회가 있었다. 국토가 대한민국의 절반밖에 안 되고 농업 인구는 7분의 1밖에 되지 않지만, 네덜란드가 어떻게 세계 2위의 농산물 수출국이 될 수 있었는지를 알 수 있었다. 답은 농민과 연구자, 둘의 관계에 있었다.

'Wageningen University & Research'

'WUR'은 네덜란드에 있는 세계 최고의 농업대 바헤닝언대학교의 정식 표기다. 2018년 기준으로 설립 100주년이 됐다. 바헤닝언대학교는 다른 대학들과 다르게 'Research'라는 단어가 대학 명칭 뒤에 붙어 있다. 대학이 R&D 기술 연구를 하는 농산업체와 긴밀하게 협력하고 있기 때문이다. 대학에서 학생들과 농산업체가 자연스럽게 공동 연구를 하고 산업 현장에 적용해, 바로 사용이 가능한 혁신들을 이끌어 내고 있다.

네덜란드 정부는 대학과 산업체의 연구 결과물을 농민에게 빠르게 전달하는 '골든 트라이앵글'이라는 협력 체계를 구축했고, 이는 네덜란드가 세계 최고의 농산업 국가로 우뚝 선 밑바탕이 됐다. 식품 안전과 생산성 증대 등을 위한 세계 최고의 농산업 시스템을 갖추게 된 원동력은 바로 이 긴밀한 협력 관계에서 기인한 것이었다.

더욱 놀라운 점은 네덜란드 고등학교 전체 성적 기준으로 12~13퍼센트 이내에 드는 우수한 인재들이 농업대에 매력을 느껴 진학한다는 사실이었다. 이들은 농산업체 실무진과 함께 대학 생활 내내 의미 있는 연구를 했다. 그들이 제안한 혁신적인 아이디어는 농부들에게 빠르게 전달되고, 기업가 정신으로 무장된 농민들은 정부의 도움을 받아 혁신을 받아들였다.

"이 시스템을 제안한 게 대학생이었다고요?"

북홀란드 주 북부의 아흐리포르트Agriport A7 유리 온실 단지에 위치한 '바렌드세Barendse-DC'라고 하는 최첨단 유리 온실에 방문했을 때, 나는 두 눈으로 '골든 트라이앵글'이 만든 결과물을 볼 수 있었다.

이 온실은 2014년부터 심부 지열 난방 시스템을 통해 난방을 하고 있다. 채택 배경은 이렇다. 2011년부터 네널란드의 진기 값이 내려가고 가스 값이 올라가 경영에 문제가 생겨 새로운 에너지원을 찾게 됐다. 그래서 한 관당 700만 유로약 100억 원가 소요되는, 수직 길이 4킬로미터가 넘는 지하 관정을 총 2개를 뚫었다. 우리 돈으로 200억 원이 넘는 시설비가 투입됐다. 유럽연합에서 친환경 설비를 시공할 때 어느 정도의 지원을 해주긴 했지만, 그래도 미래를 알 수 없는 장기 투자였고 상당히 큰 위험을 동반하는 것이었지만 이들은 이 시스템에 투자했다.

그런데 이 시스템을 채택한 과정이 흥미로웠다. 가스 값을 절약할 방법을 모색하던 어느 농장 대표는 자신의 아이를 돌봐주는 아르바이트생의 이야기에 귀를 기울였다. 그 학생은 공대생으로서 자신의 졸업 논문을 토대로 심부 지열 난방 시스템을 제안했다. 농가들은 그 학생의 제안을 검토한 후 사업성을 보고 바로 도입을 결정했다. 200억 원이라는 시설 투자 금액도 놀라웠지만, 시도된 적도 없는 어린 학생의 아이디어를 받아들여 투자하기로 결정한 농가의 판단과 추진력이 무서웠다. 현재 그 공대생은 이 시스템을 운영하는 회사의 사장이 됐다고 한다.

"네덜란드 정부의 보조금 프로그램은 민간 기업과 공공 연구 기관 간의 협력을 이끌어 냅니다."

네덜란드의 농업 연구 및 교육은 지식을 쌓기만 하는 고전적인 방식을 버리고 혁신을 창출하기 위해 정부의 보조금 프로그램을 적극적으로 활용하고 있다. 일례로 2002년에 만들어진 CBSG Center for BioSystems Genomics라 불리는 공동 연구 프로그램을 들 수 있다. CBSG는 식물 육종 분야에서 대학 2곳, 연구 기관 4곳, 식물 육종 회사 6곳, 감자 육종 회사 5곳, 감자 가공 회사 1곳, 유전체 기술 회사 1곳 등이 협력한 사례다. 총 연구 예산이 10억 유로약 1조 2,000억 원에 이르는데, 최첨단 기술을 사용하여 식물 유전체 연구를 수행했고, 그 결과 육종 프로그램에서 30~40퍼센트의 시간 단축을 했으며 5~25퍼센트의 비용을 절감할 수 있었다. 이처럼 네덜란드 정부의 보조금 프로그램은 반응성, 유연성, 효율성을 추구하고 R&D 지식의 사용과 응용을 촉진하는 것을 목표로 해서 실효성 있는 결과물을 만들고 있었다.

위의 사례들을 통해 '골든 트라이앵글'이 대략 아래의 세 가지를 바탕으로 만들어졌다는 것을 알 수 있었다.

① 어릴 때부터 실무진과 긴밀하게 연결된 연구 인력이 만들어 낸 실효성 있는 연구물

② 기업가 정신을 기반으로 결집된 농업인들의 미래를 위한 거침 없는 투자와 냉철한 판단력

③ 농민과 연구 기관 간의 상호 협력을 이끌어 내는 정부 보조금
  프로그램

  네덜란드 농업의 현재 모습은 협력을 통한 혁신이 조금씩 쌓여 자연스럽게 도착한 종착지였던 것이다. 바로 옆에서 네덜란드의 농업인들의 노력을 지켜보고 있으니 꽤 자극이 됐다.

  품앗이나 두레에서 볼 수 있듯이 예로부터 우리는 협업에 능했고, 전 세계에서 개인 역량으로 치면 최고라고 할 수 있는 민족이 한민족이다. 한국인들이라면 네덜란드인들보다 더 잘 할 수 있다. 이제 대한민국의 '골든 트라이앵글'을 만들 시점이다.

손님은 왕이 아닌 동반자

—

요즘 소비자는 권유에 의한 구매보다 경험과 관계를 통한 구매를 원한다. 그래서 직거래 농장은 소비자를 어떤 페르소나로 설정해야 할지 매우 고민스럽다. 다른 농장들은 소비자를 왕으로 설정한 것 같다. 소비자의 반응이 농장의 생존을 좌지우지하니 충분히 그럴 법도 하다.

"손님이 왕이라는 말도 몰라요?"
"저희는 손님을 왕이라고 생각하지 않습니다. 동반자라고 생각하고 있습니다."

그래도팜은 소비자 역시 농부라는 존재 때문에 삶에 영향을 받는다고 굳게 믿는다. 그래서 소비자를 왕이 아닌 '동반자'로 설정했다. 이 어려운 시대를 함께 헤쳐 나가며 서로에게 도움을 주는 동반자. 그런 의미에서 보니 소비자와 농민의 관계는 마치 오래된 부부 관계 같기도 하다. 잘 지내려고 애를 써도 한 번씩 꼭 탈이 난다. 인생의 대부분을 함께하지만 서로에게 서운한 감정도 느끼다. 서로를 존중하는 경우도 많지만 대부분은 자신의 양보 없이 상대방에게만 바라기도 한다. 부부 관계가 서로 뒤로 한발씩 물러나지 않으면 이내 둘의 관계가 악화일로를 걷듯이 농민과 소비자의 관계도 마찬가지인 것 같다. 서로가 해야 할 역할을 충실히 하며 상대방의 입장을 헤아리려는 노력을 하지 않는다면 관계는 지속되기 어렵다.

농민 입장에서 동반자를 위한 고민은 무엇일까? 진짜 나의 아내가 혹은 남편이 먹을 농산물을 재배하는 것이라고 가정해도 무방한 농산물을 소비자에게 전달하고 있는지 우선 살펴보아야 할 것이다. 그리고 소비자와 소통하기 위해 어떤 노력을 하는지도 점검해야 한다.

소비자 입장에서는 농장의 생산 및 전달 과정을 이해하기 위해 노력해야 한다. 이해가 안 되는 부분을 추측할 것이 아니라 적극적으로 물어야 한다.

"믿고 구매했는데 어떻게 썩은 사과를 보내실 수 있어요?"

얼마 전 추석 명절 때 불거진 썩은 사과 유통 해프닝이 현재 농산물 유통의 단면을 상징한다고 생각한다. 2018년은 역사상 유례없는 최악의 폭염이 장기간 지속됐고 국지성 소나기도 동반됐다. 그로 인해 사과 탄저병이 전국을 휩쓸었다. 사과는 탄저병에 걸리면 눈에 띄지 않는 작은 점들이 택배 운송 중에 온습도차 때문에 점점 커지면서 금방 부패하거나 무르게 된다. 썩을 걸 알면서도 보낸 농가도 있을 수 있겠지만, 대부분의 농가가 사과를 꼼꼼히 살펴보고 이상이 없다고 여기며 배송했을 것이다.

이런 상황에서 소비자가 농장주와 어떤 관계를 기존에 맺었는지에 따라 '불편한 상황'을 받아들이는 태도가 다르지 않을까? 관계에 따라 농장주가 소비자에게 탄저병에 대한 설명을 충분히 하고 이해를 구할 수도 있고, 정반대로 말도 꺼내기 전에 사기꾼이 될 수도 있다.

"사과를 보내 달라 했더니 사기를 치네."

억울하게 사기꾼이 됐다면 그 농장은 유통보다 소통에 문제가 있다고 생각한다. 물론 갑을관계를 가지고 장난을 치는 블랙 컨슈머들은 제외다.

소통은 소비자가 자신에게 이로운 게 무엇인지를 아는 것에서 출발한다. 농장이 여유 있고 안정적이어야 자신이 소비할 농산물도 안정적일 가능성이 높다는 것을 이해해야 한다. 농장의 안정이 소비자에게 가져다 줄 이점이 더 많다는 것을 명확히 이해한 소비자라면 탄저병으로 병든 사과를 보며 함께 힘들어하고 먼저 이해의 손을 내밀었을 것이다. 하지만 그렇지 않았다면 자신의 손해만을 되짚어 보고 분통을 터트릴 것이다.

농업인들도 마찬가지이다. 손해를 감수하고서라도 소비자 입장에서 고민한 농장도 있을 것이고, 수익을 내기 위한 합리적인 의사 결정이라는 명목하에 자신들의 부당한 이득은 놓지 않은 채 소비자들만 참고 이해해 주기만을 바라는 곳도 있을 것이다.

서두에서 말한 것처럼 어느 한쪽이 아닌 양쪽이 모두 함께 노력해야 하는 문제다. 소비자와의 관계는 전략이 빚어낸 결과가 아니다. 이런 상황 이전에 어떤 소통을 해왔는지에 따라 이미 결정되어 있는 것이다. 왕이 아닌 동반자와, 유통이 아닌 소통을 해야 한다.

땅을 살피는 요리사

—

"혀끝에서 사라지지 않는 최고의 맛은 건강한 토양이 만들어 낸 것이다."

'생각하는 셰프'이자 '미국 최고의 요리사'로 칭송 받는 댄 바버는 자신의 저서 《제3의 식탁》에서 이렇게 말했다. 그는 '팜 투 테이블' 운동의 선구자로 불리는데, '팜 투 테이블'은 '농장에서 직접 기른 신선한 작물을 그대로 식탁에 올린다'는 의미로, 안전하고 지속 가능한 먹거리를 찾는 흐름 속에서 전 세계적으로 그 움직임이 확산되고 있다.

"생명으로 가득찬 생태계 없이는 좋은 음식, 맛있는 음식을 먹을 수 없다."

그의 요리 철학은 간단하지만 탁월하다. 정말 맛있는 음식을 먹었을 때 혀끝에서 사라지지 않는 미묘한 차이는 분명 유기물과 무기질이 풍부하고 미생물의 생태계가 살아 있는 땅에서 자란 재료의 맛이기 때문이다. 우리의 혀는 어떤 화학 도구보다 그것을 잘 구분한다.

댄 바버의 책을 읽으며 나는 맛의 차이를 기분 탓으로만 받아들이는 사람들에게 유기 농산물의 압도적인 맛을 설명할 수 있겠다는 확신을 갖게 됐다. 최고의 맛을 내는 농산물은 토양 유기물과 무기질의 풍부함 때문이고, 맛이 없는 농산물은 토양의 유기물과 무기질이 부족하기 때문이라는 사실. 이를 맛에 가장 민감한 요리사, 그중에서도 세계 최고의 요리사에게 검증을 받았기 때문이다.

"우리가 음식의 맛을 잃어버린 까닭은 더 이상 맛을 위해 식재료를 재배하지 않기 때문이다."

나는 댄 바버의 책 한 권을 읽고 온전한 유기농을 위해서는 농부들 외에 요리사들도 중요한 역할을 한다는 것을 깨달았다. 맛을 끌어내고 전달하는 역할, 그리고 요리사들의 맛에 대한 갈망이 있어야만 최고의 맛을 위한 식재료를 생산할 필요가 생기기 때문이다. 요리사들이 땅에 관심을 더 갖고 본연의 맛을 지키도록 하기 위해서는 온전한 맛을 내는 재료는 정말 살아있는 땅에서 성장한 농산물이라는 사실을 깨닫게 해야 했다.

"요리사들을 만나봐야겠어요."

나는 부모님과 상의하고 무작정 요리사들을 만나기 위한 계획을 세웠다. 요리사들의 포럼이나 행사들도 참석하고 맛에 대한 신념이 있는 요리사들이 자주 간다는 직거래 시장에도 일부러 출점했다. 물건을 팔기 위해서가 아니라 맛을 보여주고 관계를 맺기 위해서였다. 단순히 몇 시간 동안 주방에서 만든 요리가 아니라 땅에서의 세월까지 녹여내는 요리를 함께 만들어 가고 싶었다. 그렇게 여러 곳에서 관계를 맺은 요리사님들은 살아있는 땅에서 자란 우리 농산물의 맛에 공감해 주었고, 지금은 그 요리사님들과 다양한 작업들을 함께하고 있다.

요리사라면 자신만의 맛의 여정을 땅에서부터 시작했으면

한다. 혀가 인정하는 최고의 맛은 결국 땅에서 시작되기 때문
이다.

밭에서 밥을 짓다

—

요리사들과 관계를 맺고 땅의 맛에 대한 공감을 얻은 후에는 소비자들과도 그 맛을 공유했으면 하는 마음이 생겼다. 그와 더불어 땅에 대한 이야기를 꼭 나누어야겠다고 생각했다. 그래서 기획한 것이 '팜 투 테이블' 형식의 '팝업 레스토랑 장소를 빌려 하루 반짝 여는 일일 식당'이었다.

　시작은 도심 속에서였다. '세상을 덮는 다정한 지붕'이라는 슬로건으로 이탈리아 가정식을 하는 허인 요리사님의 '효자동 두오모'에서 첫 자리를 마련했다. '마르쉐@'라는 농부 장터에서 만난 인연으로 우리 토마토를 계속 사용하고 있는 곳인데, 20명 정도를 모집하여 하루짜리 팝업 레스토랑을 작게 준비했다. 그래도 팜이 생각하는 땅과 유기농에 대한 이야기와 함께 그래도팜 토마토로 만든 코스 요리를 제공했다. 짧은 시간이었지만 음식과 땅을 고민하는 소비자들과 만난 귀중한 시간이었다.

그날 팝업 레스토랑에서 손님으로 참여한 한 분과의 인연으로 SPC라는 대기업과 이벤트도 기획할 수 있었다. SPC가 여의도에 새로 오픈한 '피그인더가든'이라는 샐러드 전문점에서 한 달간 그래도팜 토마토를 활용한 특별 메뉴를 선보였고, 그 기간 중 하루는 유기농 세미나와 식사를 함께하는 이벤트를 열었다. 작은 식당뿐 아니라 대기업 등 다양한 곳에서 식재료에 대한 고민을 시작한다는 사실이 참 반가웠다.

"우리 풀밭 위에서의 식사를 한번 기획해 볼까요?"
"그거 너무 좋은데요?"

평창에서 '브레드 메밀'이라는 빵집을 운영하는 로컬 크리에이터 최효주 대표님의 초대로 화덕 빵을 맛보던 날. 우연히 건넨 한마디가 불씨가 되어 야외 팝업 레스토랑 이벤트가 일사천리로 진행됐다.

참가자들은 요리의 출발을 보기 위해 그래도팜에서 재료를 어떻게 키우는지 살펴봤다. 그 후 정겨운 시골 분교를 리모델링

한 문화 공간 '감자꽃 스튜디오'로 이동해 앞마당에 있는 전나무 아래 풀밭 위로 가서 정성스럽게 준비한 음식들을 맛보며 농부들의 이야기를 들었다. 또한 먹는 것에 대한 새로운 경험을 위해 식경험 디자이너 강은경 작가님을 초빙해 식경험 워크숍을 열어 행사는 더 풍성해졌다.

6월의 화창한 날씨 속에서 진행된 풀밭 위 행사는 그곳을 찾은 사람들에게 음식이 만들어지는 과정과 음식의 새로운 면을 보여 주었을 뿐 아니라, 강원도의 농부들이 이 땅을 어떻게 비옥하게 가꿨는지 직접 알릴 수 있는 좋은 기회였다. 도시에 살다 보면 자연과 인간의 관계를 잊고 살기 십상이다. 하지만 그날 농산물을 키워 낸 청년 농부들, 빵집 주인, 음악가, 목수, 요리사 등 지역의 로컬 크리에이터들과 손님들은 식사를 하는 동안 음식과 농업을 이야기했다. 그리고 그 관계 속에서 중요한 메시지를 깨닫고 집으로 돌아갔다.

이후에도 '정식당'에서 수 셰프로 요리를 하고 있는 이우훈 요리사님과 맺어진 소중한 인연으로 현재까지 여러 테스트 팝업을 진행하고 있다. 가장 최근엔 여주에 위치한 '은아 목장'에서 '노을빛 목장 다이닝'이라는 타이틀로 근사한 시간을 만들어 냈다. 목장에서 직접 만든 숙성 치즈는 이우훈 요리사님의 손을 통해 근사한 요리가 됐고, 파티 플래너 유승재 대표님의 합류로 은아 목장에서 직접 기른 앉은뱅이 밀은 멋진 센터피스가 되어 식탁을 장식했다. 내가 속한 '밭티밭에서 하는 파티'라고 불리는 강원도의 젊은 농부들 모임과 슬로푸드 문화원의 행사에서 인연이 된 많은 분들의 도움까지 더해져 행사는 멋지게 마무리됐다.

'자연 속에서 계절을 느끼며 느긋하게 즐기는 시간'
'분위기 좋은 장소에서 맛보는 근사한 요리'
'먹거리의 가치를 새롭고 즐겁게 경험하는 일'
'이야기가 잘 통하는 사람들과의 기분 좋은 만남'

위 네 가지를 목표로 앞으로도 기회가 닿는다면 다양한 사람들과 지속 가능한 식탁을 위한 만남의 장을 만들고 싶다. 생산자와 소비자 그리고 요리사가 만나서 나누는 이야기. 지속 가능한 식탁은 그 이야기 속에서 가능해진다고 믿는다.

"좋은 곳에 가서 좋은 음식을 먹으면 좋은 시간을 선물 받았나는 생각이 는다."

참가자 중에 한 분이 남긴 후기이다. 이런 자리를 지속 가능하도록 만드는 건 나만의 노력만으로 이루어지지 않는다. 지지하는 사람들이 있고 함께하는 사람들이 있어야만 가능하다. 수익을 내기 어려운 다이닝 이벤트 구조상 앞으로 얼마나 더 밭에서 밥상을 차릴지는 모르겠다. 하지만 '두오모'에서부터 '은아 목장'까지 오는 동안 만났던 좋은 사람들은 내가 또 다른 밥상을 계속해서 차려 나가는데 큰 힘이 될 것이다.

제 7 부

꿈을 짓다 dreaming

온라인, 오프라인, 멤버십 운영 계획:

내가 꾸는 꿈이 다시 누군가의 꿈이 된다.

"가정이 잃고 있는 그 가치를

농장이 대신했으면 한다.

누군가에게 식구가 되어

절기마다 소중한 식경험을 전하고

그 자리를 통해 식문화를 함께 겹겹이 쌓아

누구든 자연스럽게 먹을 수 있도록 하는 것.

이런 문화를 정착시켜

농촌과 도시가 지속적으로 연결됐으면 한다."

흙과 친구가 된 사람들, '소일 메이트soil mate'

—

2017년 11월, 운 좋게도 대산농촌재단이 주최한 해외 농업 기행을 갈 수 있었다. 호주와 뉴질랜드를 둘러보는 일정 중에서 가장 기억에 남는 건 호주의 어느 작은 농장이 고객과 만들어가는 관계였다. CSA Community Supported Agriculture라 불리는 '공동체 지원 농업 시스템'이 그것이다.

'그냥 정기 회원 꾸러미 서비스 같은 것 아닌가?'

연수를 가기 전 나는 CSA의 개념을 말 그대로 판로가 어려운 농장을 소비자들이 손해를 좀 보더라도 구매함으로써 농장을 도와주는 시스템 정도로 생각했다. CSA 소비자를 일종의 서포

터로 보고 농장은 도움을 받아야 하는 약자로 바라본 것이다. 정기적으로 배송되는 농산물은 농장을 도와준 것에 대한 보상으로 소비자에게 돌려주는 부가 서비스 정도로 생각했다. '신뢰할 수 있는 농장을 소비자가 직접 경험하고 농장과 소통하게 하자'라고 표현하지만, 소비자가 농장을 직접 보고 마음에 드는 농장을 골라 보라는 것과 크게 다르지 않은 것처럼 보였다. 농장은 선택받는 입장이라고 본 것이다.

하지만 이들은 달랐다. 소비자와 생산자가 대등한 관계에서 CSA 시스템을 정립해 나가고 있었다. 소비자가 농장을 단순히 돕는 개념이 아닌, 소비자와 생산자가 평등한 관계를 추구하고 있었다. 예상치 못한 공급 증가 또는 감소가 있을 때 농부들은 위험을 분산하고, 소비자들은 농장과 더 밀접해지며 깊은 관계를 맺으며 식량 생산에 대한 지식을 얻는다. 이를 통해 소비자들은 농장이 지속되지 못했을 때 자신들에게 닥칠 위기를 누구보다 잘 알게 된다.

"1년에 한 번 모든 회원들을 모아 놓고 농장의 경영비를 공개합니다."

이 농장에서 특히 놀랐던 부분이다. 1년에 한 번씩 열리는 정규 미팅을 통해 회원들에게 농장 생산비와 경영비 등을 투명하게 공개하고, 회원들에게 본인들이 책정한 생산물의 가격에 대한 동의를 구한다. 이 과정에서 CSA 회원들은 자신들이 직접 농장의 경영에 참여한다는 느낌을 받는다고 했다. 소비자는 농장을 만들어 가는 동반자로서의 마음가짐을 갖게 되고, 땅을 살리는 건강한 농업과 이를 둘러싼 문제들에 대해 목소리를 내는 소비자 그룹으로 자연스럽게 발전한다.

한국에도 수많은 농부가 있고 이를 존중하는 수많은 소비자가 있다. 하지만 아직은 소비자가 생산자를 돕는다고만 여기고, 소비자 자신을 도울 수 있다는 생각까지는 미치지 못하고 있는 것 같다. 이는 생산자도 마찬가지다. 평등한 관계로 상생할 수 있는 CSA 구조에 대한 이해가 선행된다면 한국은 그 어느 나라보다 CSA 모범 사례 국가가 될 수 있을 것이라고 생각한다.

"이름이 꼭 '소울 메이트soul mate' 같네?"

'소일 메이트soil mate'는 그 선두에 서기 위해 '흙과 친구가 된 사람들'이라는 의미를 담아 지은 우리 농장 멤버십 명칭이다.

이 멤버십의 최종 목표는 우리 농장을 중심으로 신뢰 공동체를 만드는 것이다. 영혼의 동반자라는 'soul mate'처럼 흙의 소중함을 온전히 이해한 경험 소비자들로만 회원망을 구성할 생각이다. 그 공동체를 만들어 가는 과정에서 이뤄지는 모든 상호작용이 내가 생각하는 농업 브랜딩에서 가장 중요한 부분이기도 하다.

1차적으로는 농산물과 서비스에 대한 만족을 통해 고객에게 호감을 주고 신뢰 관계를 구축한다. 이후에도 꾸준한 재구매를 통해 신뢰를 확인한 고객들과 좀 더 깊숙하고 다양한 소통과 경험을 공유함으로써 우리 브랜드의 가치를 나눈다. 이때부터 고객은 단순한 고객을 넘어서 구성원이 되기 시작할 것이다. 점점 더 구성원으로서의 고객이 많이 필요한 소규모 농장에겐 더 없이 큰 지원군인 셈이다. 또한 소비자들 역시 우리 농장에게 신뢰할 수 있는 농산물을 공급받고 식량 생산에 대한 지식을 얻는 형태로 도움을 받을 것이다.

이 시스템을 통해 농업이 가진 온전한 가치를 인정받는 것. 그것이 내가 꿈꾸는 농장과 소비자의 관계다. 지금은 나의 꿈이지만 언젠가 내가 완성한 모델이 다른 사람의 꿈이 되길 바란다.

신념을 파는 장, '파머스 갤러리farmer's gallery'

—

온라인 유통 플랫폼이 넘쳐난다. 로켓처럼 빠른 배송을 무기로 하는 곳도 있고, 그것보다도 빠른 새벽 배송을 내건 곳도 있다. 좀 더 싸고, 좀 더 다양하고, 좀 더 빠른 속도를 추구한다. 기본적으로 소비자의 편익에만 초점이 맞춰져 있는 형태다. 한 명의 소비자로서 이런 시스템은 달콤하지만 왠지 모를 무서움도 든다.

"아니 4시도 안 됐는데 상점들이 다 문을 닫았네요? 이러면 불편해서 어떻게 살아요?"
"그래서 근로자들은 살기 좋아요. 소비자도 결국엔 근로자들이니까요."

유럽 여행 도중 오후 4시면 문을 닫는 가게들을 보며 불편해서 어떻게 사냐고 질문하자 현지인은 그렇기 때문에 근로자가 살기 좋다는 말을 했다. 소비자 중심의 시스템은 얼핏 보기엔 편해 보이지만, 어느 한쪽이 한없이 편하면 반대편은 한없이 불편할 수밖에 없다. 요즘 택배 직원들의 고충이나 24시간 편의점 근무자, 대리 기사 등이 처한 어려움은 그 일부에 지나지 않는다.

내가 꿈꾸는 온라인 플랫폼은 그 맞은편에 서 있다. 철저하게 판매자를 위한 플랫폼. 내가 판매자라서 이런 고민을 하는 게 아니다. 한 명의 소비자로서 봐도 소비자 중심의 이 상황은 결국 소비자에게도 독이 될 가능성이 높다고 생각하기 때문이다. 판매자를 위한 플랫폼이 판매자를 위한 것이지만 궁극적으로는 그것이 소비자도 위하는 길이라 믿어 의심치 않는다.

"주문한 지 열흘이 넘었는데 얼마나 더 기다려야 하나요? 너무 안 와서 연락드렸습니다."

"주문 시에도 안내드렸지만 저희 토마토는 기다림이 조금 필요합니다. 주문이 많다고 해서 공산품처럼 즉각적으로 더 생산하지 못하다 보니 그렇습니다. 양해를 부탁드립니다."

소비자 편익에 집중하는 획일화된 구조에 조금이라도 저항하고자 우리 농장의 농산물 판매 시스템에서는 소비자의 기다림을 해소하기 위해 특별히 노력하지 않는다. 초과 수요로 인해 물건이 모자라는 것은 자연스럽게 발생하는 상황이기도 하지만, 우리가 오히려 더 대놓고 기다림을 강조한 측면도 있다. 오죽하면 '기토'를 '기다려야 먹는 토마토'로 인지하는 사람들이 많겠는가?

　"참 오랜만에 기다려 봤네요. 그래도 기다린 보람이 있습니다."

　택배가 하루만 늦어져도 이를 용납하지 않으려는 상황. 서비스라는 명목하에 소비자의 편익에만 점점 더 초점을 맞추는 이 상황을 견제하는 시스템을 언젠가 꼭 만들어 보고 싶은 이유다.
　유기농을 하는 농부의 기준으로 엄선한 농산물 온라인 편집 숍 '신념을 파는 장 파머스 갤러리farmer's gallery'는 말 그대로 나의 기준과 신념을 파는 가게이다. 내가 선정한 작품(농산물)을 전시하는 공간이란 의미에서 '파머스 갤러리'로 명명했다. 현재 준비 중인 몇 가지 사업이 자리를 잡고 나면 크게 세 가지 기준을 가지고 꼭 만들 생각이다.

1. 나의 기준에 맞는 농산물만을 선택한다.

우선 내가 맛에 감동을 받아야 한다는 게 첫 번째 기준이다. 스토리는 그다음 이야기다. 내 기준에 충족되지 않는다면 아무리 좋은 이야기가 있더라도 굳이 선택하지 않는다. 상품군도 채워나가지 않을 것이다. 없으면 비워 둘 것이다. 내가 꿈꾸는 이 플랫폼에선 구색을 맞추기 위한 노력은 없다.

내 경험상 대부분의 유통 플랫폼이 초반에 가졌던 매력을 잃기 시작했던 시기는 투자금을 받고 다양한 상품을 갖추려는 순간부터였다. 물건이 많다는 건 선택의 폭이 넓고 편리하다는 의미이지만, 대신 다양성을 갖추기 위해 일정 부분 자신들의 선택 기준을 포기할 수밖에 없다는 뜻이기도 하다.

규모가 커질수록 그만큼 타협점이 많아진다. 그 타협 때문에 가지고 있는 물건들의 평균 매력은 떨어질 수밖에 없다. 그래서 100퍼센트 신뢰할 수 있는 상품이 생기지 않는다면, 판매할 제품이 없어도 물건을 억지로 채우지 않을 것이다. 이것이 첫 번째 기준이다.

2. 무조건 값이 싸지 않다.

아주 오랜 인생을 산 건 아니지만 40년 가까이 살아오면서 확신을 갖게 된 한 가지가 있다. '싸고 좋은 물건은 없다'는 점이다. 물론 유통 도중 발생하는 경비를 줄여 비용을 줄인 것은 봤다. 물건의 본질과 관련하여 가격이 싸다는 것은 싼 재료를 사용했다든가, 생산에 들인 공이 적다는 이야기다. 재료비가 싸든 생산비가 적게 들든 어찌됐든 품질을 위한 투자에서 한 발 뒤로 양보했을 가능성이 매우 높다. 그런 의미에서 싸고 좋은 물건은 없다는 말을 나는 굳게 믿는다. 잘 설계한 유통 구조 덕분에 상대적으로 합리적인 가격을 만들어 낼 수는 있지만 물건 자체가 무조건 싸고 좋은 건 세상에 없다.

3. 언제든지 살 수 없다.

거래를 했던 몇몇 유통업체나 온라인 스토어는 계약 기간 동안 꾸준히 물량을 공급하고 농산물의 일정한 형태를 유지할 것을 항상 요구했다. 상품의 불균형과 갑작스런 품절로 인해 손님들에게 불편을 줄 수 없다는 이유에서였다.

하지만 농산물은 공산품이 아니다. 불규칙은 어찌 보면 농산물이 가진 당연한 특성이다. 이 부분을 상쇄시키기 위해 판매자는 따지고 보면 결국 소비자에게 도움이 되지 않는 방식으로 이 문제를 해결한다. 상추의 크기를 일정하게 만들기 위해 성장억제제를 뿌리고, 사과의 크기를 맞추기 위해 비대제를 뿌린다. 그뿐만 아니라 시기를 임의로 맞추기 위해 저장 과정에서도 수단을 가리지 않는다. 언제든 균일한 상품만을 원한 소비자 탓이라고 볼 수도 있다.

"그걸 어떤 소비자들이 좋아하겠냐?"

물론 값이 싸고 배송이 빠른 것을 원하는 소비자들이 대다수일 것이고, 나 또한 소비자 입장에선 당장 그런 서비스가 매력적이다. 소비자 편익에 초점을 맞추는 게 무조건 잘못이라는 말이 아니다. 반대편도 조금은 있었으면 하는 바람이다. 물건도 적고, 값도 비싸고, 심지어 언제든 원할 때 살 수도 없지만 품질만큼은 고민할 필요가 없는 공간. 그런 농산물 유통 플랫폼이 있다면 오로지 속도와 가격, 다양성만 추구하는 시장에 품질의 중요성을 일깨울 수 있을 것이다.

어떤 소비자가 들어가 구매하겠냐고 하는 사람도 있겠지만, 판매자에게 초점을 맞춘 시스템의 장점을 인지한 판매자가 늘어나면 좋은 물건들이 쌓이게 될 것이고, 이를 알아주는 소비자가 반드시 존재할 것이라고 확신한다. 적어도 내가 꿈꾸는 미래에는 말이다.

지속 가능한 농업을 위한 터전, '서스테인 필드sustain field'

—

sustainable [səˈsteɪnəbl]

1. 지속 가능한   2. 오랫동안 지속[유지] 가능한

중학교 시절만 해도 알지 못했던 이 단어를 요즘 꽤 자주 든는다. '지속 가능한 발전', '지속 가능한 경영', '지속 가능한 소비', '지속 가능한 관광', '지속 가능한 농업'까지. 요즘 여기저기서 '지속 가능'이란 말이 많이 보인다. 그만큼 많은 곳에서 지속이 어려울 가능성이 커졌다는 의미라고 본다. 특히 농업의 경우, 농업 인구의 감소와 고령화 그리고 농산업의 쇠퇴로 인해 '지속 가능한'이라는 말이 가장 필요한 산업이 됐다.

이런 농업 현실에서 조금이나마 지속 가능한 부분을 확장하

고 싶은 마음에 구상 중인 나의 오프라인 공간이 있다. 이름은 '서스테인 필드sustain(able) field, 지속 가능한 밭, 터전. 나는 이 공간에서 이뤄질 몇 가지 꿈을 꾸고 있다.

1. 지속 가능한 농업을 위한 만남의 장

기본적으로는 소비자 외에도 농업을 중심으로 다양한 사람들과 만나고 싶다. 농업을 하고 있는 사람, 농업을 사랑하는 사람, 농업과 협업하고 싶은 사람 등 농업에 대한 애착이 있는 다양한 분야의 사람들이 모여서 시너지를 낼 수 있는 근거지가 됐으면 한다. 정기적으로 모임을 할 수 있는 장소를 제공하고, 모여서 기획한 이벤트가 있다면 기꺼이 장소도 빌려줄 수 있는 공간을 만들고 싶다.

2. 땅과 농산물의 가치를 알리는 공간

땅을 갈고 밭을 만들기 위해 맨발로 걸어서 금을 긋는 작업을 할 때면 마음이 평온해진다. 도시민들의 경우, 맨발로 건강한 흙을 밟아 본 때가 언제인가 싶을 것이다. 도시민에게 흙은 더럽고 지저분한 것일 뿐이다. 땅에 대한 가치는 말로만 들어서 이해할 수 없는 부분이 많다. 몸소 건강한 땅을 체험할 수 있는 공간을 방문

객에게 제공하고 싶다.

3. 농사짓고 싶은 공간

해외 농업 기행으로 뉴질랜드와 호주, 일본, 그리고 유럽 등을 방문하며 느낀 점은 시골이지만 참 살고 싶은 모습이었다는 것이다. 아름다운 주변 환경뿐만 아니라 잘 정돈된 농장들. "아! 여기서 농사짓고 싶다"라는 말이 절로 나왔다.

대한민국의 농업 현장은 보이는 부분에 투자하지 않는 경향이 있다. 시설 하우스는 시설 하우스로서의 기능만 하면 되고, 농막은 말 그대로 농막 기능만 제대로 하면 된다. 체험 시설도 마찬가지다. 그저 기능으로서만 설계한다.

하지만 다음 세대가 농업에 참여하려면 그들의 눈에 담길 농사짓는 공간의 이미지 역시 중요하다고 생각한다. 필요한 것들만 겨우겨우 채우고 정돈되지 않은 환경에서는 나 역시 일하고 싶은 마음이 선뜻 들지 않는다. 이 점을 감안해서 최대한 일하고 싶은 공간을 디테일하게 꾸밀 것이다. 이 공간을 통해서 농업이 가진 매력을 극대화해서 보여 주고 싶다.

4. 농업인이 되고 싶은 사람들의 배움터

지속 가능한 농업을 위해 가장 중요한 것은 새로운 농업인들의 출현이다. 심각한 고령화와 농업 인구 감소는 이미 오래 전부터 진행 중이다. 하지만 이를 해결하기 위한 교육 시스템은 아직 많이 보이지 않는다.

농업을 먹거리의 근본이자 백성의 이익이라 주장한, 조선을 대표하는 중농학자 다산 정약용은 "하농은 풀을 기르고, 중농은 곡식을 기르고, 상농은 땅을 기르며, 성농은 사람을 기른다"라고 했다.

아버지에게는 작은 소망이 있다. 나와 함께 유기농업 교육에 앞장서는 농장을 만들어 그동안의 경험과 지식을 후계에 전달하고, 쇠퇴기에 접어들어 많은 어려움을 겪고 있는 농민들이 천대받지 않고 존경받으며 스스로 농민임을 자랑스러워 할 수 있는 삶을 살 수 있도록 이바지하는 것이다. 평생을 유기농에 몸담으신 아버지의 후학 양성을 위한 바람도 이 공간을 통해 풀어 드리고 싶다. 젊고 유능한 젊은이들이 모여 아버지께 농업을 배울 날이 기대된다.

5. 살고 싶은 지역

농사를 짓든 협업을 하든 궁극적으로는 우리가 만든 공간을 통해 만난 사람들이 함께 영월에 정착하고 이 지역을 발전시켜 나갔으면 한다. 정주하는 인구 없이 관광객과 우리만으로는 곧 한계가 드러날 것이다. 놀러오고 싶은 공간이 아닌, 살고 싶은 지역이 되었으면 한다. 이 지역에 살게 될 주민들과 함께 자생력을 갖추고 싶다. 그래서 함께 살 수 있는 구조를 위한 재투자를 계속해서 할 생각이다. 소규모 유아원, 소규모 빵집, 소규모 마트 등 함께할 사람들을 유치해서 작은 마을을 만드는 것이 최종 목표이다.

우리나라는 농업의 확장에 '6차 산업'이라는 일본식 표현을 받아서 쓰고 있다. 대다수 농장들은 가공이나 체험을 통해 6차 산업이라는 단어를 사용하는데, 1차 산업 기반이 약해서 2, 3차를 선택한 경우가 대다수다. 1차 산업이 단단하지 못하다면 그것을 기반으로 한 2, 3차 산업이 순조롭게 운영될 리가 만무하다.

손이 가지 않는 1차 생산물을 가공한다고 해서 매력이 생기지 않는다. 또한 그것을 직접 따게 한다고 해도 마찬가지다. 1차 생산물의 강점을 가진 그래도팜이 디테일하게 접근한 2, 3차 사업이 대한민국의 많은 농가들에게 모범 사례가 되었으면 한다.

그리고 언젠가는 우리가 일본이나 네덜란드 등 다른 국가로 견학을 가는 것처럼 다른 국가의 농부들이 오고 싶은 공간이 되었으면 좋겠다.

24절기마다 식구가 될 그래도팜

—

"가을 무는 보약이라고 하잖아."

"어머니, 그런 건 어디서 배우신 거예요?"

"어디긴 어른들한테 배운 거지. 무장아찌는 여름철에 먹기 좋고, 소금에 절인 순무는 겨울 내내 반찬으로 좋아. 무를 사시사철 키울 수는 있는데 사실 가을이 제철이야. 가을철에 수확하는 무는 특히 더 아삭하고 특유의 단맛도 좋아. 속이 더부룩할 때 먹으면 소화도 잘돼. 천연 소화제지."

시골에 사니 자연스럽게 알게 되는 것은 농사일뿐만이 아니다. 부모님과 함께 생활하면서 식사를 함께해서 식생활과 관련된 여러 지식들도 자연스럽게 알게 됐다. 도시에 살면 농사짓는 집 자식임에도 무가 언제 제철인지 어디에 좋은지 알 이유도 알 방법도 없었다. 마트에 가면 무를 언제든지 구할 수 있었고, 속 병이 나면 약국에 가서 소화제를 사서 마시면 그만이었다. 하지만 우리가 쉽게 생각하며 놓치는 많은 것들이 사실은 오랜 세월 동안 경험이 겹겹이 쌓여 이른 귀한 것들이었다.

"참 자연스럽게 먹던 민족이었다."

농경 사회였던 우리나라는 예로부터 식문화와 관련한 풍속들이 많았다. 24절기마다 먹는 음식이 달랐고 제철 재료를 통해 그 시기에 맞는 음식을 만들어 먹었다. 자연의 일부로 살았던 것이다. 매번 반복되는 뻔한 과정이라고 볼 수도 있는 밥상 위에서 때마다 건강한 식재료를 선사한 자연과, 보이지 않는 곳에서 식탁에 올릴 음식을 위해 애쓴 사람들에게 감사하는 마음을 표현하는 민족이었다.

하지만 이제 사람들은 식재료를 선사해 준 곳은 자연이 아닌 마트라고 여기고, 만들어 낸 사람들과는 거래로만 관계를 맺는다. 그 관계 속에서 다양화는 철저히 묵살됐고, 전통이라는 이름의 마지막 보호장치는 유명무실한 것이 됐다.

"밥을 지어 먹지 않는 나라가 되어 가고 있다."

나는 이 모든 시작이 가족이 함께 밥을 먹지 않는 것에서 시작했다고 생각한다. 언제부턴가 '식구食口, 한집에서 함께 살면서 끼니를 같이하는 사람'라는 말이 의미가 없어질 만큼 함께 밥을 먹지 않는 가족이 늘어나고 있고, 가정에서 식생활에 대한 기본 교육이 그리 중요한 일이 아니게 되었다. 식재료에 대한 교육은커녕 간단한 요리조차 하지 않아 먹는 과정에 대한 소중함이 점차 잊혀져 가고 있다. 먹고살면 그만이지 함께하는 식사가 무슨 의미가 있겠냐고 할 수도 있겠지만, 기술이 발전하고 아무리 진보한 사회가 된다 하더라도 인간은 먹는 행위와 동떨어진 삶을 살 수 없다. 식사와 연관된 많은 것들이 자취를 조금씩 감추고 있다는 게 그래서 더 염려스럽다.

우리는 지금부터라도 먹거리를 이야기해야 한다. 함께 밥을 지어 먹어야 한다. 영화 〈인터스텔라〉에서 사람들이 가장 두려워했던 것은 옥수수의 멸종이었고, 영화 〈마션〉에선 흙 없는 곳에서 감자를 키워 내기 위해 사활을 걸었다. 물론 아주 먼 미래의 이야기이고, 영화 스토리상 부풀려진 이야기이니 크게 신경쓰지 않아도 된다고 생각할 수 있다. 하지만 그리 먼 미래의 일

같지가 않다. 지금의 농촌은 작은 밭을 일구는 나이든 소농 부부가 대부분이다. 이들이 사라질 가까운 미래엔 과연 누가 우리 식탁에 음식을 전할 것인가? 어떤 음식을 어떻게 먹어야 할지 아무도 모르는 상황이 되지 않을까? 가정에서 접하지 못한 식문화는 흔적도 없이 사라질 것이다.

"24절기, 매 절기마다 모여서 함께 밥을 지어 보면 좋겠어요. 그렇게 되면 그 밥상을 통해 일상에 녹아 있던 누군가의 소중한 경험이 다른 누군가에게 고스란히 전달될 테니까요."

다시 함께 밥을 만들어 먹는 것부터가 시작이다. 식탁은 식재료에 대한 감사한 마음과 식재료의 여정을 이야기하는 자리가 되어야 한다. 하지만 현대의 가정은 그 역할을 점점 더 못하고 있다.

가정이 잃고 있는 그 가치를 농장이 대신했으면 한다. 누군가에게 식구가 되어 절기마다 소중한 식경험을 전하고 그 자리를 통해 식문화를 함께 겹겹이 쌓아 누구든 자연스럽게 먹을 수 있도록 하는 것. 이런 문화를 정착시켜 한 번의 체험으로 끝나는 농촌 체험이 아닌 농촌과 도시가 지속적으로 연결됐으면 한다. 자연스럽게 식문화를 소중히 하는 사람들로 가득찼으면 하는 바람이다. 그렇게 대한민국의 식탁을 지켜 나가고 싶다.

제 8 부

덧붙이는 이야기_
농사짓는 디자이너

'귀향은 실패'라는 편견에 맞서다.

"몇 달에 걸친 고민 끝에

결국 나는 남에게 보이거나 남을 위한 것들이 아닌

스스로에게 집중하는 삶을 살면

허무함도 해결되지 않을까 하는 결론에 도달했다.

온전히 나에게만 집중하는 시간을 보내다 보면

세상에 존재하지 않을 것 같았던

나의 낭만도 찾아와 줄 거라는 생각이 들었다.

그렇게 디자이너의 일탈은 시작됐다."

낭만을 찾아서

—

내가 사는 시골집은 낭만이 가득하다. 집 앞 데크 위는 삼각 세이드 세일그늘막을 설치했고, 뒤뜰엔 티피 텐트고깔 모양의 텐트를 쳤다. 스트링 라이트를 달고 1년에 몇 번 사용하지도 못하는 그림 같은 바비큐 장비와 캠핑 장비를 갖추고 있다. 그걸 볼 때마다 어머니는 이렇게 말씀하신다.

"아들은 낭만에 젖어 사는 것 같아?"
"이왕 사는 거 낭만이라도 있어야죠. 낭만 찾아 여기까지 왔는데요."

나의 '낭만증'은 사실 어렸을 때 발병했다. 학창 시절 〈아스

팔트 사나이〉라는 드라마가 있었다. 나뿐만 아니라 그 드라마를 보고 자동차 디자이너가 되어야겠다고 생각한 사람들이 꽤 많았을 것이다. 드라마에서 자동차 디자이너로 나오는 주인공의 모습은 중학생인 나를 흥분시키기에 충분했다. 자동차 디자이너가 된다면 평생을 낭만에 젖어 살 것 같았다.

결국 그 드라마 하나가 나를 디자이너의 길로 인도했다. 근처 소도시에 있는 미술 학원에 다니기 시작했고, 공부와 병행하며 친구들과의 추억 만들기도 포기한 채 오직 디자이너가 되어야겠다는 일념으로 고등학교 2년을 보냈다.

당시 시골에서 디자이너를 꿈꾸기란 쉽지 않았다. 먼 거리를 통학해야 하는 나도 문제였지만, 시골에서 힘들게 농사를 지어 비싼 미술 학원비를 내야 할 부모님도 쉬운 일이 아니었다.

그래서 나는 학창 시절의 즐거움은 포기한 채 내가 할 수 있는 최선을 다해 학업에 매진했다. 그것이 부모님의 고생에 대한 예의라고 생각했다. 그렇게 나의 고교 시절의 추억은 미래의 낭만을 위해 반납됐다.

"미대하면 홍대지."

지금이야 어떤지 모르겠지만 그 당시엔 '미대하면 홍대'였다. 좋은 성적으로 국립대에 입학했지만, 그곳 교수님조차 저렇게 말하는 통에 난 한 학기를 마치고 반수를 생각할 수밖에 없었다. 연고도 없는 서울에 홀로 올라가 고시원에서 생활하며 새벽 4시 30분부터 다음 날 새벽 1시까지 잠도 거의 못 자고 노량진 입시 학원과 홍대 앞 미술 학원을 오가며 스파르타식으로 보낸 하루하루는 100일이 10년 같았다. 돌이켜 보니 3개월도 안 되는 짧은 시간 동안 그런 지옥 같은 스케줄을 소화할 수 있었던 힘은 '홍대만 가면 내 인생은 낭만으로 가득찰 거야'라는 확신이었다.

어렵게 홍대생이 되었는데 낭만적인 대학 생활은 야속하게도 쏜살같이 지나갔다. 대학을 졸업하고 자동차 디자이너는 아니었지만 디자이너가 됐다. 큰 불편함 없는 인생이 이어졌다. 그러나 현실 속 디자이너는 생각만큼 낭만적이지 않았다. 누군가의 브랜드를 만드는 것은 만드는 당시엔 재밌었지만 작업이 끝나면 결국엔 내 것이 아니라는 현실이 항상 공허함을 남겼다. 물론 작업을 하면서 보람도 많았지만 왠지 모를 공허함을 메우기 위해 그때부터 현실 속에 존재하지 않는 낭만의 자취를 찾아 귀히를 하나둘 늘렸다.

금요일 밤엔 불금도 마다하며 퇴근 후 곧장 밴드 활동을 하러 교대역으로 향했다. 기타나 배우자고 가볍게 갔던 곳에서 우연치 않게 시작된 작곡과 밴드 활동은 4년간 개인 자작곡 앨범 한 장과 밴드 앨범 한 장, 총 두 장의 앨범을 내 인생에 선물했다. 그것도 모자라 피곤에 절어서 한 주를 마감하고도 주말엔 국내 최고의 작가에게 배울 수 있다는 말에 캘리그래피에 도전했다. 전문 작가 과정까지 3년을 수학하며 전시회도 수차례 진행했다.

남들 눈에는 앨범을 내고 전시를 하는 모습이 에너지가 넘쳐 일과 삶의 균형을 지키며 사는 것처럼 보였겠지만, 사실은 삶의 허무함을 달래는 나만의 방식이었다. 디자이너가 되었음에도 낭만적이지 않았던 내 삶에 대한 갈증을 해소하기 위해 그것들을 내 삶에 끌어들였다고 보면 맞을 것이다.

더 늦기 전에 지금부터라도 그 원인을 다시 한 번 진지하게 고민해야겠다는 생각이 들었다. '나는 왜 사는가? 그리고 나는 무엇을 위해 사는가? 어떻게 사는 것이 낭만적인 삶인가?'에 대한 답을 찾기 위해 몇 달을 보냈다. 만나는 사람들마다 같은 대화를 반복했다. 대화의 흐름은 비슷했다. 부와 성공을 차지할 수 있는 사람은 한정적인데 대부분 같은 곳을 바라보고 있다. 결국 오르지 못한다. 그저 가장 높은 곳에 오르지 못한 서러움과 외로움을 다양한 방법으로 풀 뿐이다. 술을 먹든가, 쇼핑을 하든가, 나처럼 요란스러운 취미를 갖든가. 푸는 방법은 달랐지만 자기계발도 힐링의 시간도 스스로를 속이는 속임수라는 것쯤은 다들 알고 있었다. 그저 최고가 아니면 안 된다는 잘못된 암시에 빠져 있을 뿐이었다. 남과 비교해서 우위에 서는 것, 혹은 남에게 좋아 보이는 것. 그것을 위해 살고 있었다.

몇 달에 걸친 고민 끝에 결국 나는 남에게 보이거나 남을 위한 것이 아닌 스스로에게 집중하는 삶을 살면 허무함도 해결되지 않을까 하는 결론에 도달했다. 남을 위한 인생이 아닌 나를 위한 인생을 살아보자는 결심이 섰다. 타인에게만 향해 있던 시선이 나를 향한 순간, 왠지 없다고 생각했던 진정한 낭만이 있을지도 모른다는 생각마저 들었다. 어찌 보면 뻔하지 않은 길. 뻔하지 않기에 무섭지만 뻔하지 않기에 의미 있는 길. 그 길 끝에 무엇이 있을지 모르지만 온전히 나에게만 집중하는 시간을 보내다 보면 세상에 존재하지 않을 것 같았던 나의 낭만도 찾아와 줄 거라는 생각이 들었다. 그렇게 디자이너의 일탈은 시작됐다.

1년 만에 푼 짐

—

다시 시작된 시골 생활. 본격적으로 농업에 뛰어들어 농업의 진정한 가치를 증명하기 위해 내 한 몸 불사르겠다는 마음으로 시작했지만 농사일은 마음처럼 쉽지 않았다. 동트기 전, 새벽 5시부터 매정하게 울리는 알람을 피해 베개 속으로, 이불 속으로 이리저리 도망치는 게 일과의 시작이었다. 스스로는 절대 일어날 수 없는 몸을 억지로 이끌어 욕실의 찬 바닥에 맨발을 대고 나서야 겨우 정신을 차렸다.

한여름의 해는 유난히 길다. 해와 함께하는 게 운명인 농부의 입장에선 그나마 노르웨이의 어느 외딴 마을처럼 백야가 한 달간 지속되지 않는 것을 다행이라 여기며 자위할 때도 있다.

"노지 농사짓는 사람들은 오늘은 비 오니까 쉬겠네요."

시설 하우스에서 농사를 짓는 농부는 비 오는 날에도 출동이다. 사계절 내내 지속되는 고단한 노동은 곁을 떠날 줄 모른다. 오전 5시부터 시작된 일은 오전 8시가 되어서야 한 템포 쉰다. 아침 식사를 위해서다. 도시였으면 이제 겨우 지하철에 몸을 구겨 넣을 시간이다.

사람의 삶이란 참 상대적이다. 그 시절이 부러울 줄이야. 도시에선 없어도 그만이었던 아침 식사가 이곳에선 살기 위해 필수로 맞아야 하는 예방 주사와 같다. 입맛이 없다는 핑계로 한번 걸렀다간 몸과 정신이 분리되는 순간을 경험한다. 그만큼 아침밥과 관계가 돈독해진다. 10시 정도가 되면 전누리_{새참의 강원도식 표현}라고 하는 번외 식사 시간이 주어지는데, 이미 이때까지 일한 시간이 도시로 치자면 오후 4시까지 일한 셈이다.

'이제 겨우 10시라니.'

믿기지 않지만 아직도 점심 식사와 두 번째 전누리가 남아 있다. 하루에 이틀을 사는 느낌. 보통보다 두 번이나 많은 끼니가 이것을 증명한다. 예전 같았으면 전누리로 국수나 수제비 등을 먹었지만, 요즘은 분식이나 커피와 간단한 빵 등으로 대신한다. 트렌드를 쫓아서가 아니라 일손이 부족해서 따로 음식을 할 여유가 사라졌기 때문이다. 나를 포함해서 부모님은 이 시간을 철저히 지킨다. 왠지 이것마저 없어지면 너무 억울할 것 같아서이기도 하지만, 잠시 쉬면서 영양 보충을 해야 일을 계속할 수 있어서다.

이탈리아 사람들이 아무리 바빠도 여유 있게 에스프레소를 즐기는 것처럼, 이 시간만큼은 나도 커피를 음미하고 싶다. 하지만 내 마음대로는 되지 않는다. 아버지는 뜨거운 커피를 식은 숭늉 마시듯 한 번에 드신다. 아버지가 자리를 털고 일어나시면, 나도 일어나야 한다. 여유 있게 차를 마시는 시간이 아니라 살기 위한 에너지 보충 시간이라는 게 전누리의 본질임이 증명되는 순간이다.

주말에도 마찬가지다. 새벽에 눈을 떠 밥부터 입에 밀어 넣어야 한다. 도시에서는 하루 종일 빈둥거리거나 늦은 오후가 돼서야 슬슬 움직이는 팔자 좋은 주말을 보냈지만, 농사꾼에게 그런 게으름은 허락되지 않는다. 캘리그래피 수업을 핑계로 친구들을 만나 수시로 신흥 맛집 도장 깨기를 하고 다니던 나였지만, 몇 달이 되도록 외식 한 번 할 일이 안 생긴다. 반년이 다 지나서야 깨달았다.

'아, 농사란 게 이런 것이었지, 참.'

일상이 이러니 이런 저런 이유를 대며 선뜻 짐을 풀지 못하고 있었다. "짐 정리는 언제 할 거니?"라는 어머님의 물음에 바쁘다는 핑계만 대면서 반년이 넘는 시간 동안 짐도 제대로 풀지 않은 채, 마음 한구석에서는 몰래 시골살이를 저울질하고 있었다. 별다른 이벤트 없이 시골 생활의 일상을 보여주는 방송 프로그램 〈삼시세끼〉나 〈효리네 민박〉이 히트를 치면서, 시골 경험이 없는 친구들은 내게 '킨포크 라이프'를 사는 것 같아 부럽다고도 했다. 하지만 현실 속의 시골에선 이처럼 언제 도시로 갈지를 저울질하느라 정신이 없었다.

시골살이에 대한 로망은 이미 많은 매체들을 통해 그 실체가 공개되었다. 물론 여윳돈이 있는 은퇴자라면 시골에서 여유 있는 '킨포크 라이프'를 누릴 수 있을 것이다. 하지만 그저 '조용히' 살고 싶을 뿐이라면 시골에 오기보다는 방음을 강화하길 바란다. 여유 있게 살고 싶은 거라면 지금보다 욕심을 버리고 시간을 확보하는 게 낫다. '시골은 좀 다르겠지?'라는 생각에 도시 탈출을 꿈꾸며 시골을 바라보고 있다면, 시골은 더하면 더했지 덜하지 않다고 얘기해 주고 싶다. 달라져야 하는 것은 나 자신이다. 어디에도 이유 없는 여유는 없다.

거기에 '귀향은 실패'라는 아버지 세대의 편견 섞인 반응까지 거들었다. 여기저기서 "저 집 아들이 왜 내려온 거야?"라며 수군거리는 것 같았고 자괴감도 가끔 들었다. 하지만 그 덕분에 내가 남아 있어야 할 오기가 생긴 것 같다. 나 아니면 누가 하겠냐는 사명감과 자존심을 건드리는 오래된 편견 덕분에 시간을 겨우겨우 흘려보낼 수 있었다. 그렇게 1년이 지나고 나서야 온전히 짐을 풀 수 있었다.

위기 속 기회의 땅

—

"주변에 농사짓는 분이 계신가요?"

"아니요."

"그럼 본인은요?"

"…."

   귀농 후 사람들을 만날 때마다 이 질문을 한다. 점점 더 "아니요"라는 대답을 많이 듣고 있다. 난 이 짧은 대화 속에 농업의 현주소가 있다고 생각한다. 위기에 처한 농업의 현실과 그 이면에 숨어 있는 농업의 비전 또한 이 대화 속에서 모두 볼 수 있기 때문이다.

   사람들은 농업과 농촌의 미래에까지 관심을 두지 않는다.

'한물간 1차 산업'으로 여기거나, 나와는 상관없는 '그저 누군가 하면 될 일'이라고 생각하는 것 같다. 그럼에도 불구하고 먹지 않고 살 수 있는 사람은 없기에 '누군가'가 하지 않으면 심각한 문제가 생긴다는 것쯤은 아는 듯하다. 농업의 한가운데에 들어와서 시간을 보내기 전까지, 심지어 농부의 아들인 나 역시 농업의 위기를 나와 크게 상관없는 일이라고 여기며 관망했을 뿐이었다. 하지만 현장에 와 보니 바로 이 위기의 뒷면에 기회가 숨어 있었다.

"도농 간 소득 격차가 날로 커지고 있습니다."

통계청이 발표하는 지표들을 보면, 농촌에는 더 이상 비전이 없는 것처럼 보인다. 농촌에서의 경제 활동이 점점 더 어려워지기만 할 것 같다. 하지만 여기엔 반전이 있다. 통계에서 사용하는 '평균'에는 함정이 있기 때문이다.

우리 마을의 경우만 보더라도 고령층 농가의 연간 실소득은 대부분 500만 원이 채 되지 않는다. 대부분 자식들의 용돈이나 공공 근로와 같은 농외 소득으로 생활을 유지한다. 다른 지역이라고 해서 크게 다르지 않을 것이다. 2017년 현재 농업 인구 중 42퍼센트 이상이 65세 이상의 고령층이다. 절반 가까이 되는 농가가 영세 한계농이라는 이야기이다. 하지만 반대편에는 대규모 상업농이 존재한다. 2018년 농촌경제연구원의 자료에 따르면, 상위 10퍼센트의 농가가 하위 50퍼센트보다 20배 정도의 소득을 올리고 있다. 말하자면 현재 우리나라의 농업은 소득 양극화가 상당히 심한 산업이라는 의미이다. 그렇기 때문에 평균 소득이 낮다고 하여 농업 전체 종사자의 소득이 낮다고 속단할 수 없다.

"생각보다 농업 자체에 비전이 있어 보여요."
"그래, 보통 다른 사람들이 안 하는 것에 비전이 있지."

아버지께서는 농업 인구가 줄고 있는 것 자체가 비전이라고 항상 말씀하신다. 하려는 사람이 없다는 건 거꾸로 생각하면 그곳이 블루오션이 될 수 있음을 의미하기 때문이다. 그것을 증명하듯 위기 속에서 기회를 잡는 농업인들의 사례들도 해마다 늘고 있다.

또한 우리 농촌뿐만 아니라 해외 선진국에서도 농업 인구가 급격히 줄고 농촌에 위기가 오는 모양새이지만 그들은 농촌의 가치와 역할에 다시 주목하고 농촌을 국가의 근간이자 미래의 새로운 성장 동력으로 여기기 시작했다. 한국농촌경제원이 발표한 2013년도 자료에 의하면, 여러 선진국에서 '신농촌경제 New Rural Economy'가 저성장 시대에 중요한 경제 원천이 될 것이라고 예측했다. 영국의 경우, 농촌 지역이 국가 총부가가치의 16퍼센트를 차지하고 있고, 농촌 지역에 위치한 사업체가 전체 사업체의 26퍼센트나 된다. 스위스의 경우도 마찬가지다. 전체 가구의 1퍼센트가 되지 않는 농가에 국가 예산의 6퍼센트를 투입하고 있다. 가까운 일본도 지방 인구 감소와 지방 소멸에 대한 위기가 도래하자 지역 살리기를 위한 다양한 대책을 우선적으로 추진하고 있다. 우리도 농촌을 미래 성장 동력으로 만들기 위해서 농업과 농촌에 닥친 위기 요소를 분별하고, 그 속에서 기회를 살려야만 한다.

과거와 달리 유능하고 다양한 사람들이 농촌에 유입되고 있어서 변화의 잠재력은 충분하다. 이런 상황에서 재빨리 농촌 활성화를 이끌어 갈 동력을 찾고 정비해야 한다. 무엇보다 미래 인구를 확보하기 위해 젊은 층의 농촌 정착 기반을 마련해 주는데 힘써야 한다. 모든 농촌의 정주 환경을 개선하긴 어렵다면 농어촌 주거 수요가 증가하는 곳들을 선정해 농어촌 중심지로 지정하여 다양한 유형의 주거 단지를 조성할 필요가 있다. 교육, 복지, 의료, 문화 등 기초 생활 서비스를 확보하고 대중교통 접근성을 개선해 젊은 층을 유인할 수 있는 정주 환경을 만들어야 한다.

"길이 없다는 것은 내가 처음으로 길을 낼 수 있다는 뜻이기도 하죠."

내 앞엔 도로가 깔려 있지 않다. 길이 없어 불편하지만, 한편으로는 원하는 곳에 도로를 깔 수 있다. 농촌은 젊은 사람이 필요한 곳이고, 새로운 꿈을 꿀 수 있는 곳이다. 많은 청년들이 진로 선택지 중 하나로 농촌을 꼭 한 번쯤은 고려했으면 좋겠다. 아직은 허허벌판이지만 함께 만들어 나간다면 우리만의 길을 열 가능성도 크기 때문이다.

장 지오노의 소설 《나무를 심은 사람》을 보면, 한 늙은 양치기의 외로운 노력 때문에 프로방스의 황무지가 새로운 숲으로 변모한다. 우거진 숲도 결국 시작은 나무 한 그루부터였다. 이 땅에도 기적을 가져올 수 있다.

제 9 부

덧붙이는 이야기_
토마토 이야기

당신이 몰랐던 토마토의 모든 것.

"흔히들 방울토마토를 보관할 때

싱싱함이 더 오래 지속되라고

토마토 꼭지를 그대로 둔다.

또 배송 중에 떨어진 토마토 꼭지를 보면

토마토가 신선하지 않다고 생각을 한다.

하지만 여기에 놀라운 반전이 숨어 있다."

국내에 토마토 품종이 다양하지 못한 이유

—

토마토 전문 농장을 꿈꾸기에 해마다 토마토 품종을 테스트하고 있다. 그 과정에서 토마토 품종 다양화에 대한 어려움 몇 가지를 발견했다.

첫 번째로 시장 구조에 문제가 있다. 국내에서는 토마토를 요리보다 대부분 생과로 즐겨 먹는다. 그래서 쉽게 무르거나 완숙이 되지 않았을 때 맛이 없는 종들은 인기가 없다. 또한 요리용이 아닌 생과용이다 보니 토마토를 살 때 외형을 크게 신경 쓴다. 유통 과정이 긴 한국에서 완전히 익어서 갈라지고 무른 토마토의 경우 요리하기엔 문제가 없지만 생과로 팔기엔 불량으로 여겨져서 유통업자들이 선호하지 않는다.

또한 국내 소비자들은 농산물 소비를 할 때는 상당히 보수적이다. 기존에 먹던 것만 주로 먹고 새로운 작물이나 품종이 나오면 초반엔 신기해서 구매를 하지만 곧 관심이 떨어진다. 생각보다 새로운 상품이 꾸준히 선택되어 주류가 되기가 쉽지 않다. 우리 농장의 경우에도 새로운 품종이나 작물에 대한 문의가 많은 편인데 막상 심으면 생각만큼 수요가 없어서 곤란한 적이 많았다.

두 번째로 개인 농가가 새로운 종자를 꾸준히 확보하기가 어렵다. 직접 해외에서 구입해 심어 본 블랙 체리 토마토Black Cherry Tomato나 산 마르차노San Marzano, 로마 토마토Roma tomato 등의 경우 실제로 한국 종묘 회사에서 안정적으로 공급하는 종자들에 비해 수확량이 현저히 적다. 또한 직접 채종해서 진행하는 방법도 있겠지만 수확량이 적어 상업농과는 맞지 않는다.

그런 이유로 판매를 위해선 적은 양의 비싼 씨앗을 매번 어렵게 구매해야 하는데 판매처도 없고 생산량도 보장되지 않다 보니 토마토 값을 높게 책정해야 하는 문제가 생긴다. 그렇기 때문에 지속적으로 소비자들의 수요가 있지 않은 이상 판매량 보장이 어려운 품종의 종자를 직접 구해 가며 농가를 운영하기란 쉽지 않다. 우리 농장의 경우도 새로운 품종을 해마다 테스트해 보았지만 이런 이유로 판매 상품으로까지 전환이 된 적이 없다.

　마지막으로 생육 환경 차이에 따른 문제가 있다. 토마토는 기본적으로 건조한 날씨에는 비교적 잘 견디지만 습기에 상당히 약하다. 습기에 특별히 더 약한 품종들의 경우, 여름철에 재배했을 때 기형과가 많아지고 상품으로 쓸 수 있는 수량이 현저히 떨어질 수밖에 없다. 그렇기 때문에 농가들은 맛이나 다양성을 좇기보다는 크기나 무게를 안정적으로 확보할 수 있는 품종 쪽으로 생산 설계를 한다.

　병충해 문제도 있다. 한 가지 예를 들자면, 베타티니 품종의 경우 원종의 맛과 향이 탁월함에도 병 관리가 어려워서 베타티니의 파생 품종티니 플러스 등이나 맛은 떨어지지만 병충해에 강한 비슷한 품종을 심는 농가가 해마다 늘고 있다.

　국내에서는 토마토를 대부분 요리를 해서 먹기보다 생과로 먹기 때문에 육질이 단단하고 당도가 높은 것을 선호하며 대부분의 소비자들이 신맛을 좋아하지 않는다. 소비자들이 다양성을 바란다면 소비 형태와 먹는 형태도 함께 변해야 가능한 일이다.

똑똑한 토마토 보관법

—

"어떻게 보관하나요? 냉장고에 넣으면 되겠죠?"

소비자들이 토마토를 받고 나면 가장 많이 하는 질문이다. 출하철이 되면 하루에도 몇 번씩 이 질문을 받는 것 같다.

보통 재료를 사면 오래 두고 먹을 것은 냉동실에 넣고, 과일과 채소는 냉장실에 보관한다. 이 방법이 재료를 신선하게 보존하는 길이라 생각한다. 냉장고를 굳게 믿기 때문이다. 하지만 결론부터 말하면 냉장 보관은 금물이다.

모든 채소가 냉장고에 들어가면 신선하게 오랫동안 보관할 수 있을 것이라 생각하기 쉽지만, 실은 그렇지 않다. 선도 유지에 낮은 온도가 적절한 채소들도 있지만, 토마토의 경우는 정반

대다. 냉장실은 토마토를 먹기 직전에 아삭한 식감과 시원한 맛을 위해 잠시 넣는 정도로만 사용하는 게 좋다.

"토마토는 실온에 보관하세요."

냉장고에 넣지 말아야 할 채소 중에는 항상 토마토가 들어 있다. 그 이유는 토마토의 항산화 물질인 리코펜이 40퍼센트나 감소하고, 차고 습기가 많은 냉장고에 토마토를 보관하면 맛 생성 효소의 활성이 제거되어 고유의 풍미가 사라지기 때문이다. 껍질 속의 세포막이 손상되어 맛의 발달이 최소화되고 수분을 빼앗고 자연 숙성도 지연된다. 이런 이유들로 변질도 빨리 되고 결정적으로 당도가 떨어져 맛이 없어진다.

"그럼 어떻게 보관하는 게 좋을까요?"

우선 토마토는 습기에 약하기 때문에 물기를 제거하는 게 좋다. 배송 중 생긴 습기로 인해 터진 토마토를 골라내야 한다. 터진 토마토에서 나온 즙 역시 습기이기 때문에 다른 토마토들까지 디지게 될 가능성이 높다.

"방울토마토 꼭지가 붙어 있어야 신선하다는 것은 잘못된 상식이에요."

흔히들 방울토마토를 보관할 때 싱싱함이 더 오래 지속되라고 토마토 꼭지를 그대로 둔다. 또 배송 중에 떨어진 토마토 꼭지를 보면 토마토가 신선하지 않다고 생각을 한다. 하지만 여기에 놀라운 반전이 숨어 있다. 농촌진흥청에서 '방울토마토의 꼭지에 대한 연구 결과'를 발표했다. 꼭지가 있는 방울토마토와 꼭지를 제거한 방울토마토를 섭씨 20도, 상대습도 75~90퍼센트에 저장을 한 후 결과를 지켜보았는데, 꼭지가 있는 방울토마토는 저장 기간이 6일, 꼭지를 제거한 방울토마토는 8일간 유지됐다. 농촌진흥청은 꼭지를 제거했을 때 꼭지 부위에 발생하는 저장병해가 줄어드는 효과가 있어 오히려 대추형 방울토마토는 꼭지를 제거하는 게 좋다고 발표했다. 덧붙여 연구를 진행한 농촌진흥청 채소과 연구사는 아래와 같이 말했다.

"그동안 꼭지가 없으면 신선도가 떨어지는 것으로 여겨졌던 대추형 방울토마토가 꼭지를 떼도 신선도에 전혀 문제가 없고, 오히려 꼭지 주변에 있는 미생물이 줄어 안전성이 좋아져 저장과 유통 수명을 늘릴 수 있다."

이렇듯 대추형 방울토마토는 꼭지에서부터 미생물들이 번식하기 때문에 보관 시 반드시 꼭지를 딴다. 꼭지에서 생기는 미생물들이 토마토 변질의 가장 큰 원인이기 때문이다. 또한 토마토를 많이 쌓을수록 아래에는 압력이 가해져 잘 터질 수 있기 때문에 최대한 작게 나누어서 보관하는 것이 좋다. 그리고 되도록이면 햇볕이 들지 않고 선선하고 통풍이 잘 되는 곳에 두도록 한다. 이런 곳이 없다면 어쩔 수 없이 냉장 보관을 해야 하는데, 냉장 보관을 하더라도 먹기 전에 실온에 잠시 두었다가 먹기를 권한다. 이렇게 하면 맛 생성 효소의 일부가 회복될 수 있기 때문이다.

정리하자면 터진 토마토를 골라내고 습기를 제거한 후 꼭지를 따서 햇볕이 들지 않고 선선하고 통풍이 잘 되는 곳에 소분해서 보관하면 된다. 그리고 먹기 전에 잠시 냉장실에 넣었다가 먹는다.

아무리 유기농이라 저장성이 좋다 하여도 식물은 시들기 마련이다. 두고두고 오래 먹을 생각보다는 신선할 때 열심히 먹길 바란다. 그럼에도 불구하고 다 먹지 못하고 남았다면 말려서

선 드라이 토마토를 만들어 보는 걸 강력 추천한다. 말린 토마토는 생토마토보다 더 엄청난 풍미를 가진다. 말려서 올리브 오일에 보관하는 방법도 좋다. 한번 맛을 보면 전부 다 말리는 일이 생길지도 모른다.

마무리 짓다

—

"책을 한번 내보실까요?"

이 말을 들은 시간부터 탈고까지 꼬박 2년의 시간이 걸렸다. 2017년 1월 한 출판강연회에서 우연히 뵈었던 틈새책방 이민선 대표님과의 대화 후 마치 운명처럼 받게 된 제안. 하지만 내가 정말 책을 낼 수 있을지 의문스러웠다. 언젠가 죽기 전에는 한 번 써 보고 싶다는 생각은 했지만 '내 주제에 책을 쓴다는 게 정말 가능할까?'라는 걱정과 '내가 쓴 책은 어떤 모습일까?'라는 기대 섞인 마음은 한동안 서로 충돌했다.

한 번도 해본 적 없는 일이었기에 망설이고만 있던 나에게 대표님과의 몇 번의 미팅은 큰 힘이 됐다. 용기를 주신 덕분에 나에게도 다른 사람들에게 전해 줄 의미 있는 이야기가 있다는 확신이 들었고 초고를 써 보기로 했다. 그 초고를 지금 다시 보니 많이 모자란 글이 분명했지만 그런 글재주임에도 잘 쓸 수 있다는 믿음과 내용이 괜찮다는 용기를 주신 덕분에 이 여정의 시작이 가능했다. 그렇게 글쓰기에 대한 기본도 모른 채 무턱대고 집필을 시작했다.

"나는 어떤 사람인가?"

처음 원고를 쓰기 전엔 나를 알아가는 기간이 필요했다. 나조차 내가 어떤 사람인지 명확하게 설명할 수 없었다. 되짚어 볼 시간이 필요했다. 가장 힘들었던 시간이기도 했지만 지금 돌아보면 그 시간이 나를 조금은 더 성장시켜 준 것 같다. 자서전을 쓰는 것이 아니었기에 그나마 다행이었다.

"이제 빼도 박도 못하겠네요."

대강의 목차와 원고 한 두개를 살펴보신 대표님의 권유에 떠밀리듯 출판 계약을 하고 나니 부담스러운 마음까지 덤으로 품게 됐다. 그리고 본격적인 글쓰기가 시작됐다. 오히려 계약을 하고 나니 압박보다는 의무감이 들었다. 하지만 농업과 병행하다 보니 중간중간 원고를 손에서 놓는 기간이 몇 달씩 길어졌다. 농번기가 지나 몇 달 후에 다시 읽어 본 원고가 마음에 들지 않아 쓴 것을 지우고 다시 흐름을 바꾸어 쓰기를 반복했다.

"딱 2년 정도 걸렸네요."

'시간이 지나면 어떻게든 되겠지'라는 마음을 먹긴 했지만 2년 이나 걸릴 줄은 몰랐다. 그렇게 어찌 보면 무모하리라 여겨졌던 일을 드디어 마무리지었다. 2년간의 여정 동안 나를 돌아볼 시간도 많았고 그만큼 정신적으로 체력적으로 힘든 시간도 많았다. 농사일과 브랜딩을 병행하며 책까지 쓴다는 게 생각보다 훨씬 더 감당하기 어려운 일이었다.

하지만 이 책을 통해 어떤 미래가 그려질지, 누구를 만나고 어디에서 이야기를 하게 될지는 모르겠지만 나에겐 의미 있는 한 걸음이었음은 분명하다. 또한 내가 지은 꿈들이 훗날 누군가에겐 새로운 꿈의 시작이 될 수도 있다는 생각에 내 꿈을 더 잘 지어야겠다는 다짐을 하기두 했다.

마치 곧 태어날 둘째의 모습이 상상되지 않는 것처럼 미래에 펼쳐질 이 책의 가능성에 가슴이 두근거린다.